Heinrich Schiess

Kranke Augen in 30 Bildern

Makroskopisch dargestellt und beschrieben

Heinrich Schiess

Kranke Augen in 30 Bildern
Makroskopisch dargestellt und beschrieben

ISBN/EAN: 9783743609525

Hergestellt in Europa, USA, Kanada, Australien, Japan

Cover: Foto ©berggeist007 / pixelio.de

Weitere Bücher finden Sie auf **www.hansebooks.com**

KRANKE AUGEN

in 30 Bildern

MAKROSKOPISCH DARGESTELLT

und beschrieben

FÜR AERZTE UND STUDIRENDE

von

H. SCHIESS,
Professor der Ophthalmologie in Basel.

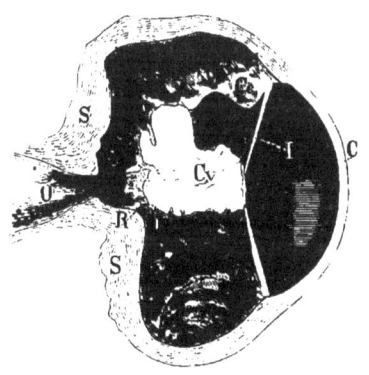

BASEL-GENF-LYON.
H. GEORG'S VERLAG.
1876.

Vorrede.

Schon seit dem Jahre 1863 habe ich interessante kranke Augen in vierfacher Linearvergrösserung für mich zeichnen lassen. Obwohl die betreffenden Bulbi alle noch in meinen Händen sind, schien mir doch ein Festhalten des frisch geöffneten Auges auf dem Papier von Werth; auf diese Weise ist nach und nach ein kleiner Atlas entstanden. Jeder Sachverständige weiss, wie leicht Präparate verderben, wie jede Sammlung eine sorgfältige Ueberwachung fordert, soll sie erhalten bleiben. Da es aber oft von Zufälligkeiten abhängt, ob man Verlorenes oder Verdorbenes wieder ersetzen kann, da überhaupt das pathologisch anatomische Material in der Augenheilkunde immer noch schwer zu erlangen ist und gewöhnlich nur dann ein erhebliches wird, wenn es von verschiedenen Seiten zusammengetragen wird, schien es mir um so mehr gerechtfertigt, Interessantes zu erhalten und abzubilden. — Eine vierfache Linearvergrösserung schien mir für die makroskopischen Verhältnisse zu genügen, und habe ich keinen Grund gehabt, später eine stärkere Vergrösserung zu wünschen.

Die Durchschnitte sind immer sagittale; theils im senkrechten, theils im horizontalen Durchmesser. Eine einheitliche Vergrösserung, wie sie überall durchgeführt ist, hat auch noch den Vortheil, dass damit sogleich ein allgemeiner Maassstab für Grösse oder Kleinheit der kranken Augäpfel gegeben ist und man wird unter den vorgeführten ganz enorme Differenzen finden.

Die meisten Präparate haben zuerst in Müller'scher Lösung gelegen und sind nachher in Weingeist aufgehoben worden. Die meiner Praxis entnommenen Augen lagen meist 6—8 Wochen in der Lösung; solche aus der Praxis Anderer oft viel länger. In letzterem Falle habe ich immer die Namen der verehrlichen Collegen angegeben, und benutze ich gerne die Gelegenheit, diesen Herren allen nochmals meinen besten Dank auszusprechen.

Bei der Auswahl der Abbildungen habe ich nicht nach Seltenheiten gesucht, sondern mehr die makroskopisch sich kennzeichnenden häufigeren Vorkommnisse ausgewählt; doch finden sich darunter auch einige seltenere Fälle, wie z. B. ein Keratoglobus. Den Text habe ich möglichst kurz gehalten und dabei hauptsächlich die makroskopischen Verhältnisse ins Auge gefasst. Dem, der sich eingehender mit pathologischer Anatomie des Auges befassen will, ist in den schönen Atlanten von PAGENSTECHER und GENTH, sowie von O. BECKER reichliche Gelegenheit neuerlich wieder geboten. Die vorliegende Arbeit möchte eher das Ziel anstreben, einem grösseren ärztlichen Publikum, dem praktischen Arzte und dem Studirenden eine Anzahl leicht zugänglicher Abbildungen pathologischer Veränderungen des Auges vorzuführen. Grössere Atlanten liegen oft staubig in den Bibliotheken, oder werden nur von den Specialisten benutzt, während es wohl im Interesse der Augenheilkunde liegen dürfte, einen grösseren Kreis zu finden, der sich für sie interessirt und für sie arbeitet. So möge das kleine Buch dem Wohlwollen sowohl meiner speciellen Fachgenossen, als der Aufmerksamkeit eines weitern ärztlichen Publikums bestens empfohlen sein!

Die Abbildungen sind von Herrn C. KNAUS hier, der theilweise früher die Zeichnungen gefertigt, unter meinen Augen in Holz geschnitten worden. Dem Verleger und mir schien es praktisch, jeder Abbildung gleich Figurenerklärung und Text beizugeben.

Basel, im October 1875.

H. Schiess.

I.

Traumatische Verletzung durch ein Zündhütchen; totale Netzhantablösung durch ein flüssiges Choroideal-Exsudat; Quellung der Cornea; scheibenförmige Körper im Ciliarkörper.

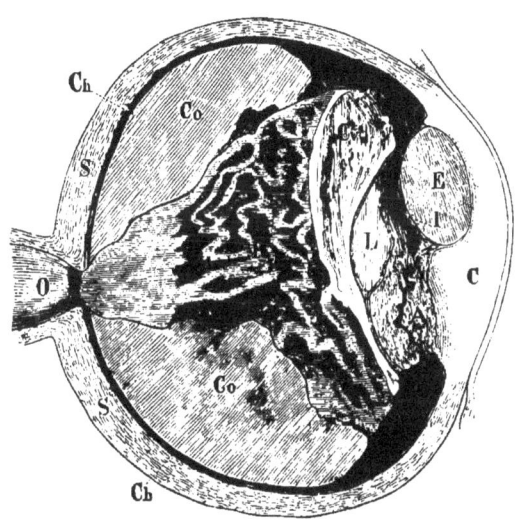

Figurenerklärung.

O Opticus. *S* Sclera. *Ch* Choroidea. *Co* Coagulirtes, hinter der Retina liegendes Exsudat. *R* abgelöste Retina. *Cv* geschrumpfter Glaskörper. *Cc* durch den Zug der Retina binnenwärts gezogenes Corpus ciliare. *L* Reste des Linsensystems nach oben und unten die Zonula. *J* Iris. *A* zertrümmertes Irisgewebe gegenüber der verdickten Cornea liegend. *E* Extravasation der vordern Kammer. *C* theilweise gequollene Cornea.

1.

Rechtes Auge eines 21jährigen Bauers, H. S., in welches ein Stück Zündhütchen gefahren war, das eine chronische Entzündung der Hornhaut und Iris mit Bildung kleiner Geschwülste auf derselben hervorrief. Da später noch ein Schlag aufs Auge traf, neue Entzündung und Extravasat in die vordere Kammer hervorrief, wurde acht Monate nach der ersten Verletzung der Bulbus enucleirt.

$$\begin{aligned}
\text{Diameter bulbi verticalis} &= 22{,}5 \text{ Mm.,} \\
\text{» » horizontalis} &= 22{,}0 \text{ »} \\
\text{» » sagittalis} &= 24{,}5 \text{ »} \\
\text{» corneae verticalis} &= 10{,}0 \text{ »} \\
\text{» » horizontalis} &= 11{,}0 \text{ »}
\end{aligned}$$

Die Cornea erscheint etwas abgeplattet; ungefähr an der Gränze des obern Hornhautdrittels eine bedeutende Dickenzunahme. Die M. Descemeti fehlt in einem ziemlich grossen mittlern Bereich, entsprechend dieser Stelle erscheint aber die getrübte Hornhautsubstanz bedeutend verdickt. Das Gewebe dieser hintern entblössten Hornhautsubstanz zeigt eine unregelmässige Faserung, die grösste Aehnlichkeit mit dem Gewebe eines Hornhautstaphyloms.

Die vordere Kammer ist mit einer bräunlich tingirten Masse erfüllt, offenbar die Ueberreste eines mächtigen Extravasates, in dessen hintere Partie einzelne faserige Fortsätze der Iris eintreten. Diese ist verschieden in ihrer obern und untern Partie. Der untere Pupillarrand ist mit der Hornhaut verwachsen und segelförmig nach hinten ausgebaucht. Der obere Theil der Iris ist nach hinten gewichen und bedeutend atrophirt; die Pigmentschichte der hintern Fläche ist gewuchert und das Pigment in die umliegenden Partien verschwemmt. Vom Linsensystem sind nur verdickte Kapselreste erhalten. Das Corpus ciliare zeigt bedeutende Veränderungen. Es findet durchgängig eine Schwellung seines nicht pigmentirten Theiles statt. Eigenthümlich ist das

Verhalten des obern Theils des Ciliarkörpers: in der Mitte zwischen Ora serrata und Ciliarfirst zeigt er ziemlich plötzlich eine Anschwellung nach innen, die jener Stelle entspricht, bis wohin das freie Choroideal-Exsudat sowohl Retina als Hyaloidea abgelöst hat. Es muss dabei eine bedeutende Gewalt eingewirkt haben. Bei der mikroskopischen Untersuchung fällt die ungewöhnliche Dicke und Homogenität der Bündel des Tensor auf. Hier sieht man auch helle scharf contourirte linsen- oder scheibenförmige Körper. Der Glaskörper ist ganz aus seiner normalen Lage gebracht und liegt vor der zusammengedrängten Retina. Die Choroidea ist durchweg in einem atrophischen Zustande. Die Retina ist zu einem nach vorn offenen Trichter mit welligen Wandungen zusammengedrängt, von aussen von einem homogenen Choroidea-Exsudat umgeben.

II.

Zerstörung der Retina bei Iridocyklitis mit wiederholten intraoculären Blutergüssen.

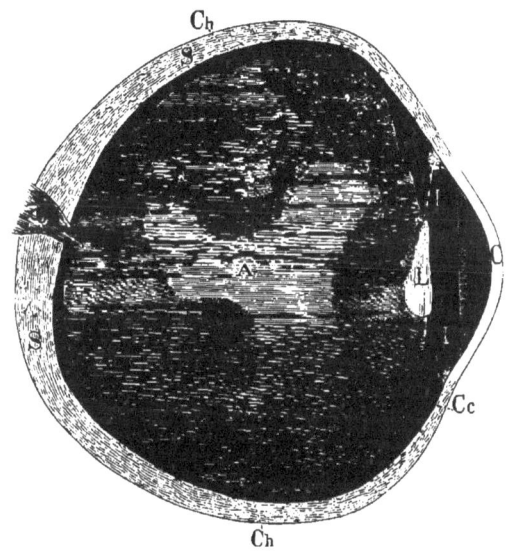

Figurenerklärung.

O Opticus, ohne ganz bestimmte Grenze in der mittleren Ausfüllmasse endigend. *S* Sclera. *Ch* Choroidea. *A* Ausfüllmasse der Bulbushöhle, in der Mitte noch Reste des Glaskörpers enthaltend. *Cc* Corpus ciliare. *J* nach hinten eingezogene Iris; hinten mit pigmentirten Ueberresten bedeckt. *L* Reste der Linse.

II.

Rechtes Auge von Caspar Widler, 30 Jahre alt, war im Jahre 1846 wahrscheinlich durch Discission operirt worden, wonach das Auge seinen Lichtschein verloren hatte. Die Narbe der Operationswunde blieb sichtbar, hat seither öfters an spontan auftretenden Blutungen gelitten, zum letzten Male im December 1871, wobei ein länger andauernder Reizzustand des Auges war beobachtet worden. Patient war im Mai 1872 durch einen Fall vom Wagen plötzlich gestorben.

Der etwas verkleinerte Bulbus zeigt sich durch eine braungrüne, gallertige Masse, die eine sehr grosse Menge von spiessigen und tafelförmigen Fettkrystallen enthält, ausgefüllt. In der Mitte dieser Massen liegt eine mehr gelbliche Substanz, den veränderten Glaskörperparthien mit massenhaften Extravasaten entsprechend. Eigentliche Netzhautstruktur ist nirgends mehr nachzuweisen. Der atrophirte Opticus endigt spitz in der gallartigen Masse, ist in fettiger Degeneration. An der Stelle des Linsensystems liegt eine weissliche Masse mit Spuren der Linsenkapsel und der Linse selber. Diese Rudera sind mit pigmentirten Schwarten, in welche auch die atrophische Iris eingebettet ist, innig verwachsen. Die vordere Kammer noch gut erhalten. Die Spannung des Auges war während des Lebens leicht vermehrt gewesen. Späteres Loos dieses Auges wäre ohne Zweifel Phthisis gewesen. —

III.

Hochgradige Cyklitis; fibröse Degeneration der Choroidea.

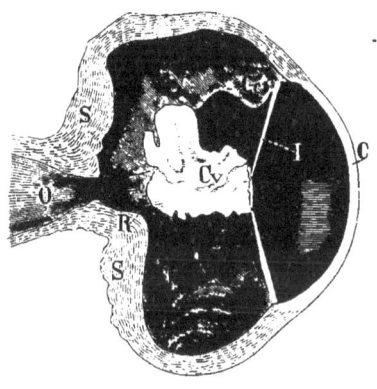

Figurenerklärung.

O Opticus. S Sclera. Ch entartete und verdickte Choroidea. Cc Corpus ciliare. Cv Glaskörper. P auf dem Corpus ciliare liegende schwartige Neubildung. R Reste der Retina.

III.

Verkleinerter Bulbus, aus der Praxis von Dr. Mooren, eingezogene, verdickte Sclera, guterhaltene Hornhaut, sehr tiefe vordere Kammer; die Iris erscheint in ihrer Mitte nach hinten gezogen, Pupille verschlossen. Der Bulbus erscheint bei der Berührung äusserst hart und resistent. Im Centrum des Augapfels befindet sich eine ziemlich homogene, nicht sehr harte, weissliche, unregelmässig begrenzte Masse, die dem verfetteten Glaskörper entspricht; nach vorn und seitlich ist diese Masse von einer graulichen, härtern Masse, die sich sehr leicht schneiden lässt, begrenzt; es geht dieselbe allmälig in 2 schwärzliche Contouren über, die offenbar dem pigmentirten, innern Theil des Strahlenkörpers angehört; diese pigmentirte Begrenzung geht nach vorn in die uveale Irisparthie über. —

Betrachten wir nun das Corpus ciliare genauer, dessen innere Begrenzung nur scharf gezeichnet ist, während seine äussere Begrenzung in der Sclera ebenfalls vor uns liegt, so sehen wir, wie dasselbe sich nach hinten in eine etwas bräunlicher werdende, sonst ganz ähnliche Substanz fortsetzt, die ihrer Lage und Verbindung nach nichts anderes sein kann, als die veränderte Aderhaut. Es begrenzt die Aderhaut auch nach hinten den veränderten Glaskörper. Sie erreicht ein Vielfaches ihrer gewöhnlichen Dicke und nur in ihren äussern Parthien, wo die Färbung auch mikroskopisch sehr dunkel erscheint, sieht man noch die pigmentirten, sternförmigen Pigmentzellen; vom Pigmentepithel ist nur in den vordern, schon dem Ciliarkörper zuzutheilenden Parthien eben jene erwähnte schwarze Grenzlinie sichtbar. Es liegt also eine eigenthümliche, das ganze Aderhautgewebe durchsetzende, dieselbe einnehmende fibröse Verdickung dieser Membran vor; es sind bindegewebige Züge mit sternförmigen und spindligen, spärlichen Zellen, wenige Gefässe und etwas Pigment, die das Gewebe dieses Aderhautfibroms ausmachen.

Das Linsensystem ist vollständig verschwunden. Nach innen vom Corpus ciliare liegt eine etwas dunkle fibröse Schwarte, nach vorn ist diese bindegewebige Masse vom wuchernden Pigment des Strahlenkörpers begrenzt.

Die Sclera ist nach hinten gefaltet und unregelmässig verdickt; von der Retina finden sich hinter dem Glaskörper noch Spuren. —

IV.

Höchster Grad von Cyklitis: totale Netzhautablösung.

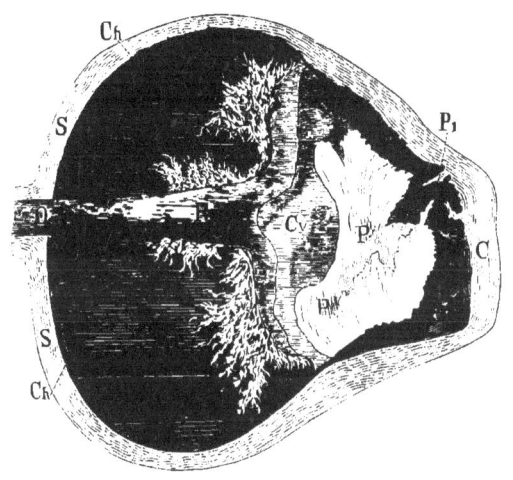

Figurenerklärung.

O Opticus. S Sclera. Ch Choroidea. R Retina abgelöst, nach aussen von verästelten Coagulis besetzt. Cv undeutliche Reste des Glaskörpers. P bindegewebige dichte Schwarten, nach vorn unregelmässig pigmentirt. P¹ pigmentirte Schwarte, der Iris und Uvea entstammend. Cc Reste des Corpus ciliare. C getrübte Reste der Cornea.

IV.

Der Bulbus wurde im Juni 1868 wegen sympathischer Iridocyklitis auf der andern Seite von mir enucleirt. — Patient hatte eine ulcerative Keratitis mit eitrigem Zerfall durchgemacht, war ein Potator. Das Auge ist ziemlich geschrumpft, die Cornea so sehr zerstört, dass man eigentlich nichts mehr von ihr sieht. Es existirt dabei eine totale Netzhautablösung, deren Centrum nach vorn knopfförmig endigt, während seitlich die Ausbreitungen sich nach der Choroidea hinwenden und sich innig mit ihr verbinden. Es erscheint die Choroidea im Beginn des Corpus ciliare überall nach dem Bulbuscentrum hineingezogen, so stark ist der Narbenzug der mittlern Masse. An der Stelle von Corpus ciliare, Linse und Glaskörper befindet sich eine harte, wie marmorirte, nach vorn pigmentirte fibröse Masse, bei der es rein unmöglich ist, jetzt noch von den einzelnen Theilen anzugeben, woher sie stammen. Die bindegewebige Wucherung ist eine so mächtige gewesen, dass sie alle Formbestandtheile absorbirt hat und jetzt nur noch ein centraler, schrumpfender Bindegewebskörper, von Pigment durchzogen, sich vorfindet.

Zwei peripherische Pigmentstreifen deuten noch einigermassen Processus ciliares und vorderes, unregelmässiges Pigment den Ort der Uvea an. —

Nach aussen auf dem Retinatrichter sitzen ästige Coagula, aus dem Humor subretinalis sich herausbildend.

Der vordere Abschluss der Augen wird durch eine bindegewebige Masse gebildet, auf der Figur mit C bezeichnet, die aber keine Hornhautstruktur mehr nachweisen lässt. —

V.

Totale Netzhautablösung unter starkem Druck; Schrumpfung und Verfettung des Glaskörpers; Vordrängung des Linsensystems.

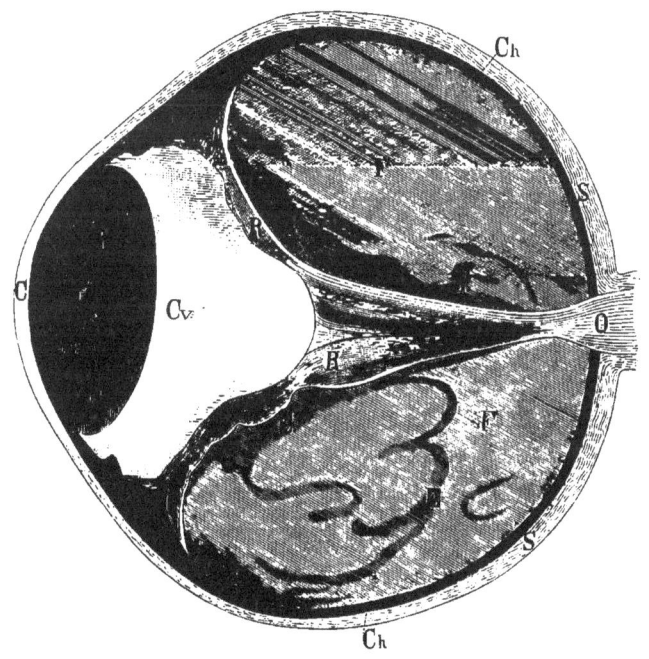

Figurenerklärung.

O Opticus. R Retina. F Choroidea - Exsudat. E blutige Massen in demselben. S Sclera. Ch Choroidea. Cc Corpus ciliare. L Linse. C Cornea.

V.

Sehr grosser Bulbus, aus der Praxis von Dr. Mooren; die Cornealparthie erscheint eher etwas vorgewölbt; um die Limbusgegend eine schiefrige Färbung. Diameter Sagittalis 27 mm. Die vordere Kammer fast ganz aufgehoben; die mit Blutfarbstoff imbibirte, fast schwarze Linse gegen die hintere Hornhautwand gedrängt; hinter der Linse eine weisse krümlige Masse, der geschrumpfte Glaskörper, nach hinten von der total abgelösten Netzhaut eingeschlossen.

Die Hauptmasse des Bulbusinhalts bildet eine zitternde, leicht in feine Schichten schneidbare Gallerte, die in kleiner Masse gelblich, in toto dunkelgrün aussieht. In dieser grünen Gallerte sind noch spärliche, chocoladebraune Streifen, die auf dem Grunde des Bulbus eine etwas mächtigere Schichte bilden; der abgelöste Netzhautstrang ist durchwegs von einer dünnen, chocoladefarbenen Schichte eingefasst. Die Sclera ist eher dünn; die Aderhaut mässig atrophisch. Für den hohen sekretorischen Druck, unter welchem der subretinale Erguss gestanden, spricht einerseits die starke Vordrängung des Linsensystems, andrerseits die einspringenden Winkel, welche der Ciliarkörper an den Stellen zeigt, bis zu denen die Netzhautablösung reichte; es erscheint hier, dem nach innen wirkenden Zuge entsprechend, der Strahlenkörper bedeutend verdickt. —

VI.

Knochenschaale auf der Choroidea mit darin steckendem fremden Körper; verkalktes Linsensystem; geschrumpfte Retina.

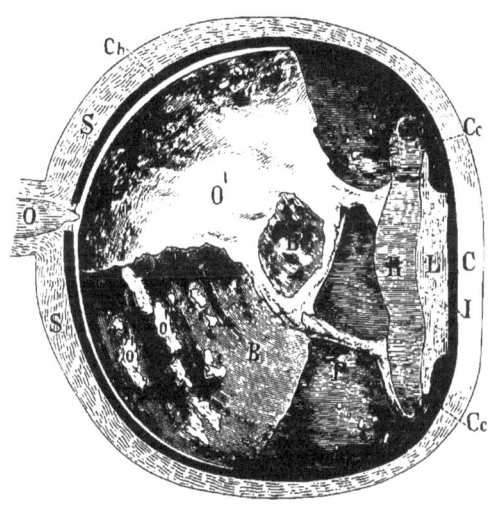

Figurenerklärung.

O Opticus. *S* Sclera. *Ch* Choroidea. O^1 Ossificationsschaale. *B* bindegewebiger Theil der Auflagerung. *F* Fremdkörper mit seinem in die Knochenschaale hineinragenden Stiel. *R* Retina, durch die Knochenschaale gänzlich vom Opticus getrennt, oben und unten eine weissliche Stelle, als Andeutung des bindegewebigen Ringes. *L* verkalktes Linsensystem. *Cc* Corpus ciliare. *I* Iris. *C* Cornea.

VI.

Das Auge, aus der Praxis von Dr. Mooren, hatte vor 10 Jahren eine Verletzung durch ein eindringendes Zündhütchenfragment erlitten; seit 3 Jahren war ein künstliches Auge getragen worden, das nach und nach Empfindlichkeit in dem Corpus ciliare hervorrief mit Herabsetzung des Sehvermögens auf dem zweiten Auge und mit epileptiformen Krämpfen, wesshalb dann das Auge enucleirt wurde. — Die Hornhaut ist zu einem unregelmässigen Rhombus geschrumpft; keine vordere Kammer; die veränderte Iris geht in einen geschrumpften Ciliarkörper über, hinter und auf dem das verkalkte und verknöcherte Linsensystem in Form einer flachen Platte liegt. Unmittelbar nach hinten davon liegt wieder ein flacher, graulicher Kuchen, der nach hinten von der flüssigen Masse umspült wird, die die Bulbushöhle ausfüllt. Es entspricht die Masse, die seitlich durch einen weisslichen, bindegewebigen, rundlichen Strang mit der hintern Grenze des Ciliarkörpers verbunden ist, die sie gleich einer festen Zwinge umschliesst, der durch die Knochenschaale abgeschnittenen Netzhaut; vom Glaskörper keine Spur. In den obengenannten bindegewebigen Ring ist nun der fremde Körper eingeschlossen, erhebt sich dann aus demselben frei in die Bulbushöhle und haftet weiter nach hinten in einer Knochenmasse, die wieder allmälig in eine bindegewebige Haut übergeht, welche ungefähr zwei Drittel der gesammten Choroidealoberfläche überkleidet; an einer Stelle setzt sich die Knochenmasse bis in jenen bindegewebigen Ring nach vornen hin fort.

Die bindegewebige Kapsel, in die sich Knochensalze in zerstreuten Heerden einlegen und die hie und da in wahre Knochensubstanz übergeht, liegt auf der Aderhaut auf, hängt ziemlich intim mit derselben zusammen; sie scheint aus der Glashaut der Choroidea entstanden zu sein. Nach vorn finden sich einzeln zerstreute, kleine Petrificationsheerde in der Aderhaut. Die Gegend der Papille ist ebenfalls durch die Knochenmasse überzogen, so dass also die Retina quasi am Opticus abgeschnitten wurde. Der Opticus ist ganz atrophisch und spitzt sich gegen die Lamina cribrosa hin zu. In den vordern Theilen ist die äussere Oberfläche der Aderhaut, resp. die Suprachoroidea entschieden gewuchert und der Zusammenhang mit der Sclera ein sehr intimer; hier finden sich auch an einzelnen Stellen Kalksalze in das Neurilem der Ciliarnerven abgelagert. —

VII.

Auge mit traumatischer particller Irideremie; fibroide Neubildung in der Choroidea.

(s. Virchow, Archiv Bd. 46, pag. 53.)

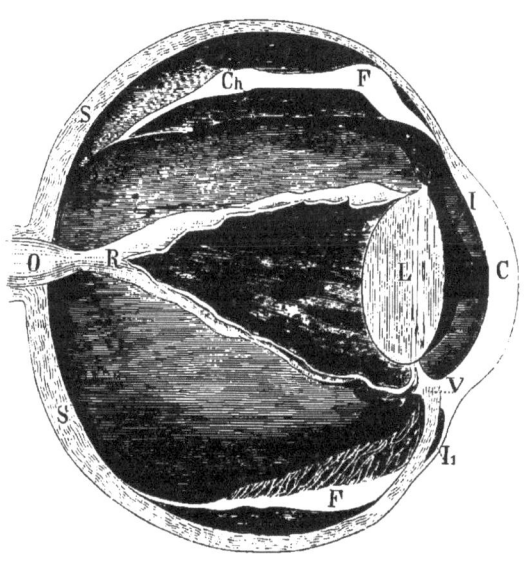

Figurenerklärung.

O Opticus. *R* abgelöste Retina. *Ch* Choroidea. *F* Auflagerung nach aussen. *Cc* Corpus ciliare. *L* Linse. *I* Iris. *I¹* Irisparthie, welche in der Gegend der Verletzung *V* unter der Conjunctiva eingeheilt worden. *C* Cornea.

VII.

Das Auge einer 49jährigen Frau wurde nach einer Verletzung wegen fortdauernder Schmerzen von mir enucleirt. Cornea normal; Iris fehlt theilweise und liegt unter der Conjunctiva flach ausgebreitet; der freie Rand der intraoculären Iris mit der hintern Hornhautwand durch eine dünne Membran verwachsen. Glaskörper verflüssigt; Retina trichterförmig abgelöst. Das Pigmentepithel der Choroidea gut erhalten. Das Corpus ciliare ist auf der Seite, wo die Iris abgerissen, atrophirt, auf der andern Seite erhalten; die Ciliarnerven ganz gut erhalten.

Zwischen der Aderhaut und der Sclera, bis auf das hintere Bulbusdrittel sich erstreckend, liegt eine zähe weissliche Masse, die an einzelnen Stellen bis 2 Millimeter dick wird und sich als aus einem fibrillären Bindegewebe zusammengesetzt erweist. An einzelnen Stellen hängt die Masse sehr innig mit der unterliegenden Choroidea zusammen durch ein mehr oder weniger pigmentirtes Bindegewebe. An andern Stellen besteht ein vollständig freies Interstitium zwischen Geschwulst und Aderhaut. Auch die Verbindung mit der Sclera ist eine wechselnde, bald eine intime Verwachsung, bald nur eine lockere Verbindung durch ein weitmaschiges Zellgewebe, das theilweise wieder pigmentirt ist. Es hat sich also diese fibromatöse Neubildung an der Stelle gebildet, die sonst von der Suprachoroidea oder Ruysch'schen Membran eingenommen wird.

Merkwürdiger Weise ist die Wucherung im Allgemeinen eine mächtigere nach der Seite hin, wo keine Zerreissung der Iris stattgefunden hat; die hinteren langen Ciliararterien sind durch den Druck der neugebildeten Masse, durch die sie fest umschlossen waren, sehr atrophirt. —

VIII.

Cyklitis: vordere Synechie; Netzhautwucherung und Netzhautnarbe.

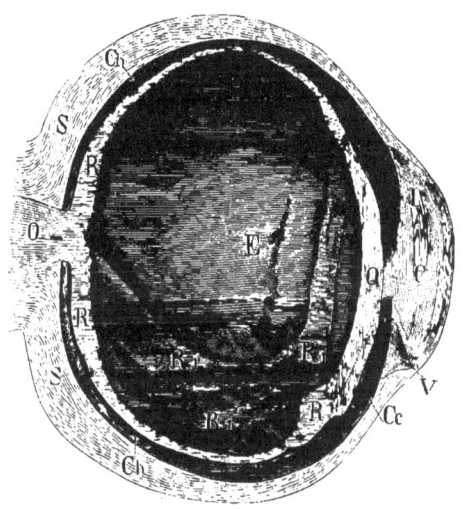

Figurenerklärung.

O Opticus. S Sclera. Ch Choroidea. R verdickte Retina auf dem Durchschnitt mit vorderem Durchschnitt einer Netzhautschwiele. R^1 Netzhautschwielen oder Wucherungen, die sich vorn in einer Art Knotenpunkt vereinigen. Q Reste des Linsensystems mit ciliaren Schwarten verschmolzen, nach vorn mit Auflagerungen an der hintern Cornealfläche verlöthet. I Iris. Cc Corpus ciliare. V Wundkanal in der C Cornea. E Extravasat auf der Retina.

VIII.

Allgemein etwas verkleinerter Augapfel, aus der Praxis von Dr. Mooren; Hornhaut entschieden verdickt, besonders in der Gegend, wo sie mit der Regenbogenhaut verwachsen erscheint; die vordere Kammer ist fast vollständig aufgehoben. Dagegen besteht nach der einen Seite noch eine gut erhaltene, hintere Kammer mit normalem Ciliarkörper. Nach der entgegengesetzten Seite hin besteht eine innige Verbindung der veränderten Iris mit der Hornhaut nach vorn und mit einer vom Ciliarkörper ausgehenden Schwarte nach hinten. Statt des Linsensystems findet sich eine flache, dünne, grauliche Scheibe, die mit der obgenannten Schwarte nach vorn im innigsten Zusammenhang steht. Wir haben also nach einer Seite Cyklitis.

Am auffälligsten ist das Verhalten der Netzhaut; sie ist erstens durchgängig verdickt, und erreicht die Verdickung in der Umgebung der Papille bis über 2 mm; da wo die Gefässe normaler Weise aus der Papille austreten, erscheint sie grubenförmig eingezogen. Von der Papillengegend aus nun erhebt sich eine consistente, ziemlich mächtige Falte bis zu einer Art Knotenpunkt vor dem Aequator bulbi, von dem dann nach zwei Seiten hin neue narbige Falten, die aber allmälig flacher werden, ausgehen; dieselben haben einen mehr circulären Verlauf und die eine schickt ihr immer dünner und flacher werdendes Ende bis zur Gegend des Strahlenkörpers. In der Umgebung des weisslichen, ganz harten Knotenpunktes, wo die Netzhaut eine recht bedeutende Dicke und Härte gewinnt, finden sich Auflagerungen oder vielmehr oberflächliche Tünchungen mit einer röthlichen Masse; offenbar sind das Blutergüsse in die oberflächlichste Netzhautschichte und werden wir es da mit den Folgezuständen einer Netzhautzerreissung grossen Umfanges zu thun haben. Jedenfalls sind solche Verdickungen der Retina grosse Seltenheiten und ist mir wenigstens kein ähnlicher Befund bekannt. In der Hornhaut findet sich eine aufwärts steigende Trübung, wahrscheinlich dem Wundkanal des eindringenden Fremdkörpers entsprechend. —

IX.

Hyperplastische Geschwulst der Retina; theilweise Verknöcherung der Choroidea; Atrophie des Opticus und Schwund des Bulbus.

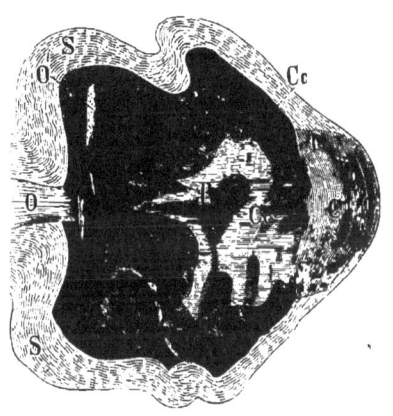

Figurenerklärung.

O Opticus. *S* Sclera. *O¹* ossificirte Stelle der Choroidea. *P* hyperplastisches der Retina entstammendes Gewebe. *R* retinale Reste. *Cv* Reste des Glaskörpers. *I* Irisreste. *Cc* Corpus ciliare. *C* verdickte Cornea. *Q* grösserer Hohlraum in der hyperplastischen Schicht.

IX.

Bedeutend geschrumpfter Bulbus, aus der Praxis von Dr. Mooren; Hornhaut zusammengeschnurrt und sehr verdickt. Opticus ganz kurz abgeschnitten, geschrumpft; an der hintern Cornealfläche anliegend die Rudera der Iris, hinter denen eine gelbliche, mit verschiedenen Hohlräumen ausgestattete Masse beginnt, welche die Reste des Glaskörpers und des Linsensystems präsentirt. Auch zwischen Choroidea und Retina finden sich mit Flüssigkeit ausgestattete Hohlräume, die theilweise von einem weisslichen, fibrösen, von der Choroidea gelieferten Gewebe ausgekleidet sind.

Die Choroidea erscheint im Ganzen mehr atrophisch; nur in ihrer hintern Parthie zeigen sich ziemlich ausgedehnte, wahre Verknöcherungen. Von der Aderhaut enge umschlossen, präsentirt sich nun, nach vorn seinerseits wieder den Glaskörper umfassend, ein bräunliches, hie und da etwas streifiges, im Ganzen aber mehr krümliges Gewebe, das sich bei näherem Zusehen als eine Netzhautwucherung erweist, und zwar sind es die Radiärfasern, die colonnenartig anstrebend und sich enorm vergrössernd, mit Pigment, auch mit einzelnen Körnern durchsetzt, die Geschwulst aufbauen.

Zwischen den arkadenförmig aufstrebenden und oben sich vereinigenden Fasern der Geschwulst finden sich oblonge Hohlräume, die mit Flüssigkeit gefüllt waren, welche sich coagulirt hat. Zwischen Sclera und Choroidea besteht nirgends eine abnorme Verbindung und erscheint die Geschwulst gegenwärtig kaum mehr im Wachsthum, eher in der Rückbildung sich zu befinden, nach dem vielen Fett, auch krystallisirten, was sich vorfindet, zu schliessen. —

Vom Linsensystem ist nichts mehr zu sehen. Das Corpus ciliare ist noch ziemlich gut erhalten, während von der Iris nur noch spärliche Reste vorliegen. —

X.

Fibroide hyperplastische Degeneration der Retina, Choroidea und des Glaskörpers; schleichende Iridochoroiditis.

(s. Archiv für Ophthalmologie Bd. XIV. 1. pag. 73.)

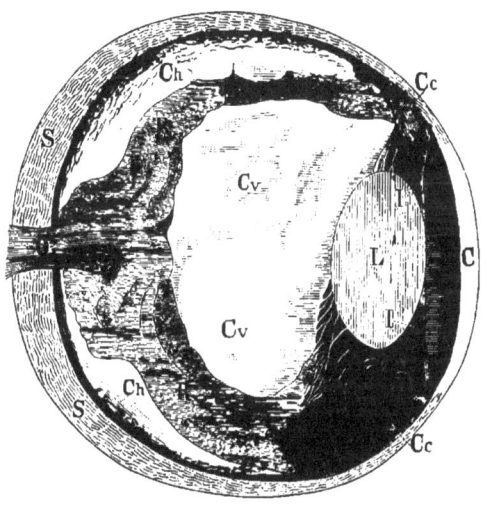

Figurenerklärung.

O Opticus. *R* Retina. *Ch* Choroidea. *Cv* Glaskörper. *Cc* Corpus ciliare. *L* Linse. *I* Iris. *C* Cornea.

X.

Auge eines 9jährigen Knaben, der von Geburt an auf den Augen einen den Eltern auffälligen Reflex des Hintergrundes zeigte, bis zum 5. Jahre aber noch Lichtempfindung besessen hatte. Das Auge ist etwas weich und klein, wurde enucleirt, weil unter schleichender Iritis mit beginnendem Pupillenabschluss eine Accommodationsparese des gesunden Auges aufgetreten war. Cornea und Sclera intact; Irisrand adhärirt; Linse leicht getrübt; nach der einen Seite hin das Corpus ciliare noch intact, nach der andern Seite bereits von der Geschwulst überwuchert; überall schliesst sich die vordere Geschwulstgrenze hart an die hintere Linsenkapsel an.

Die Geschwulst nun zeigt deutlich eine dreifache Composition: der äusserste Theil, der Choroidea entsprechend und theilweise aufs innigste mit ihr verwachsen und pigmentirt, ist von einem deutlich fibromatösen Gewebe; er zeigt aber auch an einzelnen Stellen eine wahre Verknöcherung. Er geht ziemlich allmälig in einen mehr gefalteten gelblichen Geschwulsttheil über, der nach hinten in directem Zusammenhang mit dem Opticus steht und wesentlich aus einem sehr zarten Bindegewebe mit reichlichen rundlichen Körnern besteht. Letztere sind identisch mit den Retinakörnern, und es ist dieser Geschwulsttheil ohne Zweifel aus der Retina entsprungen. Doch zeigt er nicht das gewöhnliche Bild des Glioms, besonders nicht klinisch, und muss daher mehr als eine hyperplastische, entzündliche Degeneration aufgefasst werden.

Noch weiter nach innen folgt dann eine zähe, blättrige Masse mit sehr wenig zelligen Bestandtheilen, die offenbar dem veränderten Glaskörper entspricht. Am deutlichsten differencirten sich diese 3 Componenten der Geschwulst an den vordern Theilen, da wo die Geschwulst sich in neuester Zeit langsam entwickelt hat, wo ihr Wachsthum auch die schleichende Irido-choroiditis hervorgerufen hat: im choroidealen Theil der Geschwulst findet sich ausser der oben erwähnten V e r k n ö c h e r u n g auch Pigmenteinstreuung. —

XI.

Fibrosarkom der Sclera und Choroidea beider Augen, einerseits mit consekutiver Schrumpfung.

(s. Archiv von Virchow, Band XXXIII, pag. 495.)

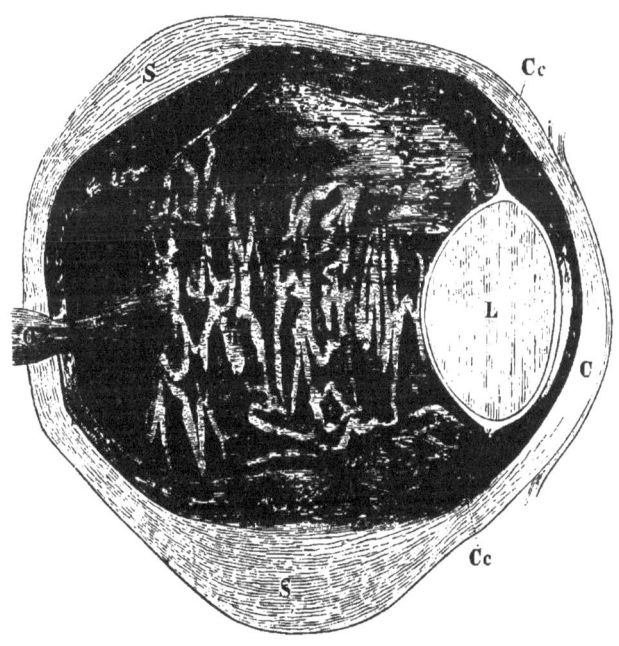

Figurenerklärung.

O Opticus. *S* Sclera. *Ch* Choroidea. *Cc* Corpus ciliare. *L* Linse. *C* Cornea. *R* Retina. *Cv* Corpus vitreum.

XI.

Die hier abgebildete, im Virchow'schen Archiv seiner Zeit von mir ausführlich geschilderte Veränderung betraf das linke Auge einer 59jährigen Frau. Eine circa ein Jahr andauernde Entzündung hatte nach der Angabe des behandelnden Arztes bestanden; das Auge war intensiv roth; Hornhaut getrübt, mit weisslichen Punkten durchsäet. Als das linke hier abgebildete Auge wegen andauernder Schmerzen enucleirt wurde, war auch das rechte Auge bereits ziemlich roth; Hornhaut auch getrübt und später trat Schwund des rechten Auges ein. Völlige Erblindung. —

Diameter sagittalis 24 mm.
» verticalis 28 mm.

C o r n e a getrübt, brüchig, nach hinten flächenhaft mit der I r i s verlöthet: vorn auf der Iris weissliche Schwarten; Irisgewebe infiltrirt; uveales Pigment gewuchert; L i n s e nach vorn gerückt; R e t i n a erscheint vollständig abgelöst. Vom Glaskörper noch Spuren vorhanden. Der Hauptinhalt des Bulbus macht eine unregelmässig gefaltete, mit vielen alten Blutkörpern durchsetzte Masse aus, ein eingedickter Transsudat und Extravasat der veränderten C h o r o i d e a. Diese erscheint durchgängig verdickt und zwar so, dass die Verdickung von hinten nach vorn zunimmt. In der Nähe des Opticuseintritts beträgt dieselbe etwa 1 Millimeter, um in den äquatorialen Parthien etwa 3 Millimeter zu erreichen. Die Choroidea ist durchgängig sehr brüchig; das Pigmentepithel noch zu unterscheiden; im Stroma finden sich neben ziemlich spärlichen pigmentirten Stromazellen eine Unmasse rundlicher Zellen mit einem spärlichen Stroma. Der gleiche Process hat auch die S c l e r a ergriffen, so dass dieselbe eine sehr bedeutende Verdickung erlitten hat und während die Choroidea nach innen sich vortreibt, nach aussen eine beträchtliche Vortreibung bildet. Hier sind beide Membranen innig mit einander verschmolzen, so dass keine reinliche Trennung derselben mehr möglich ist. Das Gewebe der Sclera ist getrübt, ebenfalls von kleinen Rundzellen durchsetzt, wie die

Choroidea. Ausserdem finden sich sowohl in der Aderhaut als Sclera feine Fettkügelchen; in der äquatorialen Parthie der Choroidea hat hie und da der fettige Zerfall schon bedeutende Fortschritte gemacht. Die Geschwulst ist durchgängig sehr arm an Gefässen. Auch in den hintern polaren Theilen der Aderhaut ist die Choriocapillaris beinahe verödet und nur noch die grössten Gefässe erhalten. In der Sclera sind die Gefässe von Rundzellen theilweise ganz eingeschlossen. Die gleichen Veränderungen finden sich auch im Ciliarkörper, der eine mächtige Verdickung aufweist. Auffällig ist ebenfalls die geringe Pigmentirung der Geschwulst.

Am rechten hier nicht abgebildeten Auge, das bereits eine Schrumpfung deutlich nachweisen liess, fand sich der gleiche Process, nur dass die zellige Wucherung gegenüber der mehr fibromatösen Neubildung in den Hintergrund tritt. —

Der ganze Process muss als ein mit Extravasation und Transsudation verbundenes kleinzelliges Sarkom der Choroidea aufgefasst werden, ohne Pigmentneubildung, langsam wachsend, die ganze Choroidea, in verschiedenem Grade zwar, ergreifend und auf die Sclera in ausgebreiteten Parthien sich fortpflanzend mit bereits angedeuteter fettiger Degeneration. Ohne Zweifel würden die letzteren bei längerem Leben des Auges auch zu einer Schrumpfung des Bulbus geführt haben. Das Ganze trat klinisch, soweit sich aus den ärztlichen Berichten erschliessen lässt, unter dem Bild einer chronischen schleichenden Iridochoriocyklitis auf mit allgemeiner Hornhauttrübung. Höchst auffällig und als seltenes Vorkommniss ist die Betheiligung der Sclera und die Duplicität des Uebels zu bezeichnen. —

XII.

Sarkoma Choroideae intraokulare.

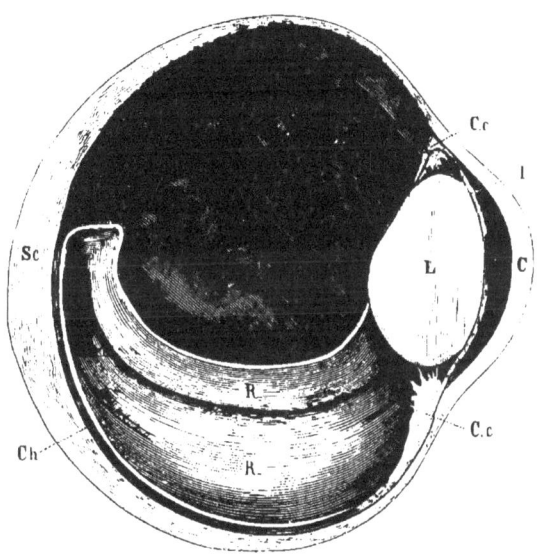

Figurenerklärung.

O Papilla nervi optici. *R* Retina. *Sc* Sclera. *Ch* Choroidea. *T* Tumor. *L* Linse durch den Tumor von hinten her etwas eingedrückt. *Cc* Corpus ciliare. *I* Iris. *C* Cornea.

XII.

Rechtes Auge von Anton Schwarzenberg, 46 Jahre alt; Auge äusserlich normal, nur flache Kammer; 6 Wochen vor der Enucleation etwas Schmerz und Röthe, die wieder verschwanden: Tension kaum vermehrt; Sehvermögen $^{8}/_{200}$; nur der innere obere Quadrant des Gesichtsfeldes erhalten. Bei erweiterter Pupille ein röthlich-brauner, scharf begrenzter, bis an die Linse heranrückender Tumor sichtbar, von der Retina straff überkleidet; nur nach hinten, wo der Tumor aufhörte, eine dünne Flüssigkeit dicht unter der Retina. Linse und Glaskörper ganz transparent.

Die Geschwulst erwies sich beim Oeffnen des Auges als eine rein choroideale; vom hintern Pol des Auges bis zu den Processus ciliares reichend, das Corpus ciliare selbst vor sich herdrängend. Die hintere Fläche der Linse nach oben durch das Vorwärtsdrängen der Geschwulst etwas plattgedrückt und zugleich etwas nach unten geschoben. Die Tafel stellt die mediale Hälfte des Auges dar, wo die Geschwulst sich etwas weiter nach unten erstreckt als lateal.

Die Sclera erscheint intact; nach hinten geht die Geschwulst direct in die Choroidea über, deren Pigmentepithelblättchen ziemlich unverändert die Geschwulst bekleidet. Die Netzhaut ist nicht von der Geschwulst inficirt. Die ziemlich weiche medulläre Geschwulst enthält ein mässig vascularisirtes Stroma und Zellen von rundlicher und spindelförmiger Beschaffenheit, die erstens sehr viel Fett und theilweise auch viel Pigment enthalten; es ist also ein weiches, rasch wachsendes pigmentirtes Choroidealsarkom, das trotz seiner bedeutenden Ausdehnung weder die Retina noch die Sclera inficirte, sondern die anhaftende Retina einfach in den Glaskörperraum hineinschob, und auch die Sclera nicht in erheblicher Weise veränderte. Bemerklich ist auch trotz der Grösse des Tumors die geringe Tensionsvermehrung und die exquisite Abflachung der Linse in ihrer obern und hintern Fläche. —

XIII.

Sarkoma Choroideae intraokulare.

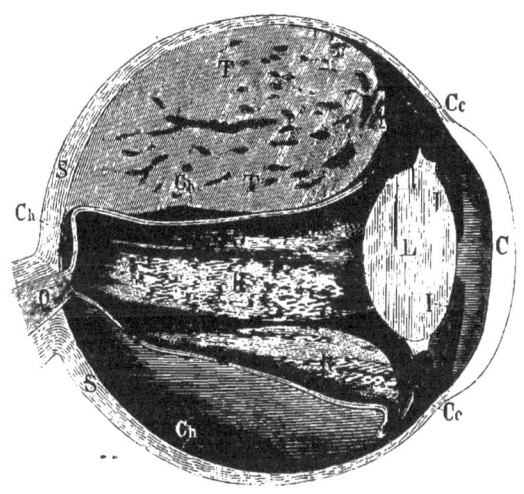

Figurenerklärung.

O Opticus. Ch Choroidea. S Sclera. R abgelöste Retina. L Linse. T Tumor. Cc Corpus ciliare. C Cornea.

XIII.

Das rechte Auge der 28jährigen, sehr anämischen Wilhelmine Maag wurde von mir am 3. Febr. 1870 enucleirt; sie hatte seit Anfang Sommer 1869 leichten Nebel vor dem rechten Auge, der seit dem Spätherbst rasch zugenommen. Seit einiger Zeit wird nach aussen, unmittelbar hinter der Linse eine Erhebung constatirt, die nach dem scharfen Contour und der röthlichen, hie und da schwarz gesprenkelten Oberfläche zu schliessen, ein Tumor sein muss. Diese Erhebung wächst nach hinten und verdeckte später die Papille. Schon frühzeitig trat eine grosse, fluctuirende Netzhautablösung nach unten hinzu. Absolut keine Reizerscheinungen, keine Vermehrung der Tension; bis zuletzt noch etwas qualitatives Sehvermögen $1/200$; ein kleines excentrisches Gesichtsfeld. Die äussern Parthien der Sclera schimmern bei schiefer Beleuchtung der Pupille röthlich.

Die grosse, leicht bräunlich gefärbte, ziemlich gleichmässige und consistente Geschwulst ist auf die Choroidea beschränkt; nach hinten ist noch ganz normales Choroidealgewebe; auf der Höhe der Geschwulst lässt sich das Choroidealgewebe ebenfalls als innere Begrenzung der Geschwulst nachweisen, während weiter nach hinten und weiter nach vorn makroskopisch nichts, mikroskopisch nur noch Spuren des Pigmentepithels nachzuweisen sind. Es hat also an manchen Stellen die Geschwulstmasse die Aderhaut vollständig absorbirt. Nach vorn geht die Geschwulst bis in die Gegend der Ora serrata, so dass das Corpus ciliare in seinen hintern Parthien von der Sclera abgelöst, unmittelbar nach hinten in die Geschwulst übergeht. Zwischen vordersten Parthien der Geschwulst und hintersten Parthien des Ciliarkörpers bildet sich so ein freier, dreieckig gestalteter Hohlraum, intra vitam mit Flüssigkeit gefüllt, der jenes röthliche Durchschimmern bedingte. Mit der Netzhaut ist die Geschwulst an der Stelle, wo das eigentliche Aderhautgewebe geschwunden, durch eine faserige Zwischenmasse sehr innig verlöthet, an andern Stellen wirklich verwachsen. Nach aussen ist die Geschwulst eine Strecke weit mit der Sclera verwachsen. Die Geschwulst ist ein mit sehr vielen grossen Gefässen und mit Lücken, die Absorptionslücken sind, durchzogenes, gleichmässig ganz schwach pigmentirtes Gewebe, das durchaus den Sarkomcharakter trägt, rundliche und mehr gestreckte Zellen mit einem bald mächtigen, bald spärlicheren Stroma. — Der ganze Bulbus ist ungewöhnlich klein. —

XIV.

Melanosarkoma bulbi mit solitärem Zapfen nach hinten.

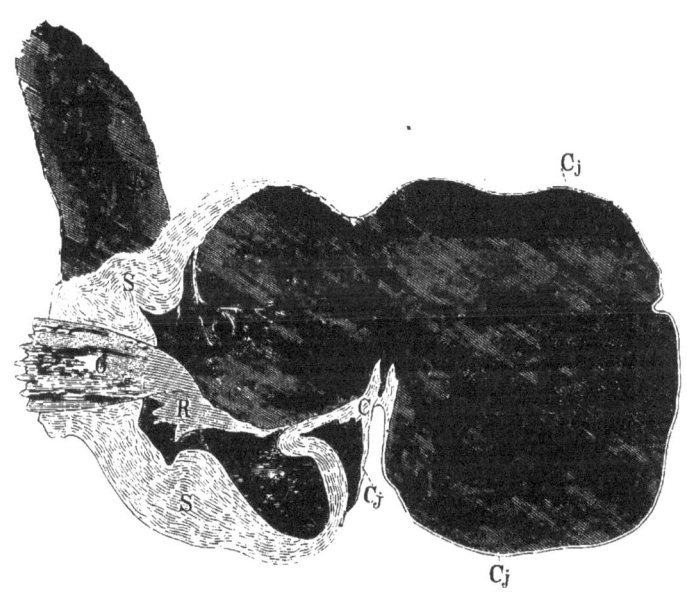

Figurenerklärung.

O Opticus. *S* verdickte zusammengeschrumpfte Sclera. *R* retinaler Strang, in den sich der Opticus nach vorn festsetzt. *Ti* intraoculärer Tumor. *Tp* hinterer Tumor. *Ta* vorderer Tumor. *C* Reste der Cornea. *Cj* Conjunction und bindegewebiger Ueberzug des vordern Tumor.

XIV.

Rechtes Auge von Louise Kick, die vor 4 Jahren eine Panophthalmitis durchgemacht und bei der seit 2 Jahren eine Geschwulst sich zeigt. Die sehr bewegliche, nicht ulcerirte Geschwulst ragte im Leben zwischen den Augenlidern vor. Wird am 24. Juni 1870 von Prof. S o c i n enucleirt. Die ganze Bulbushöhle zeigt sich mit einer braunschwarzen, homogenen, eher weichen Masse angefüllt, die nach aussen unmittelbar an die Sclera grenzt und ziemlich innig mit ihr zusammenhängt. Nach vorn geht diese Ausfüllungsmasse in eine rundliche Auflagerung über, die ungefähr die gleiche Grösse hat, wie der Augapfel und nur mit einer dünnen, weisslichen Umhüllungsmembran versehen ist. Diese Auflagerung zeigt die gleiche Structur, wie der Bulbusinhalt, ist offenbar aus dem Auge herausgewachsen, indem sie die Cornea durchbohrt und zerstört hat. Die Sclera ist verdickt, resp. geschrumpft. Der Opticus verjüngt sich spindelförmig beim Eintritt in den Bulbus und setzt sich nach vorn in einen weisslichen, diffus in die bräunlichen Massen sich verlierenden Strang fort, der nach der einen Seite hin von mehr bräunlichen, consistenteren Theilen begrenzt ist, die noch Spuren der Aderhaut zeigen, aus der die ganze Geschwulst sich entwickelt hat. Auch vom Corpus ciliare ist an einer Stelle noch ein Rest vorhanden; in der intraoculären Geschwulstmasse finden sich einige helle Bindegewebsstränge. — In der Nähe des Opticus sitzt, ziemlich innig an die Sclera angeheftet, ein 15 Millimeter langer, ebenfalls dintenschwarzer, sich allmälig verjüngender Geschwulstzapfen auf, der sich ziemlich diffus in das orbitale Zellgewebe verliert, und die gleiche Structur zeigt, wie die übrige Geschwulst, nämlich kleinere und grössere Zellen in ziemlich spärlichem Bindegewebe; die Zellen selbst bräunlich und ausserdem dintenschwarze, kugelige Pigmentkörper und Fett durch die ganze Masse zerstreut ohne bestimmte Anordnung. —

XV.

Melanosarkoma carcinomatodes bulbi mit extraoculärer Wucherung.

(s. Archiv von Gräfe Bd. X. Abth. 2. S. 109 ff.)

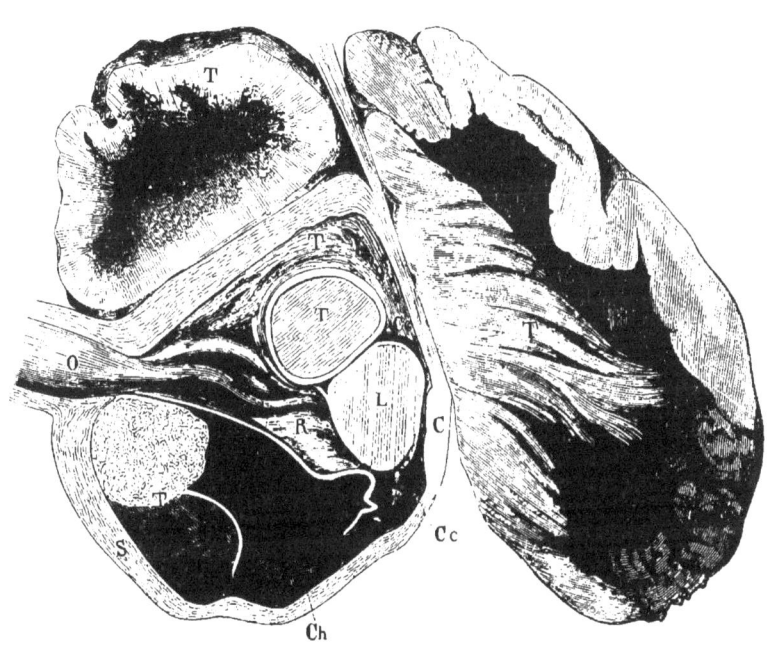

Figurenerklärung.

O Opticus. *R* Retina. *L* Linse. *TTT* Tumor. *S* Sclera. *Cc* Corpus ciliare. *Ch* Choroidea. *C* Cornea.

XV.

Auge eines Mannes reifen Alters von Dr. Bänziger enucleirt. Auf dem Bulbus reiten zwei Geschwülste durch den Ansatz des Rectus superior von einander getrennt. Die grössere vordere verdeckt den Bulbus von vorn, die kleinere erstreckt sich bis zur Eintrittstelle des N. opticus.

Senkrechter Bulbusdurchmesser 20 1/2 mm.

horizontaler » 18 »

Der hintere Tumor zeigt in einer derben Hülle ein schwammiges, lockeres, nach der Mitte weicher werdendes Gewebe, unter dem Mikroskop in ein mannigfach sich verästelndes Stroma und rundliche und Spindelzellen sich auflösend. Die Geschwulst ist nur in der Mitte ihrer Auflagerung sehr innig mit der Sclera verwachsen, sonst nur durch ein lockeres Bindegewebe mit ihr verbunden.

Der vordere Tumor, bei Lebzeiten leicht blutend, ist ziemlich brüchig; eher medullär als faserig, oberflächlich durch ein dünnes conjunctivales Blättchen bedeckt. Nach unten ist er mit Sclera und Cornea verwachsen. Die Masse der mehr rundlichen Zellen wiegt über das spärliche Stroma vor; viele Gefässe. Die untere vordere Wand der überall, hauptsächlich aber central in fortgeschrittener fettiger Degeneration sich befindlichen Geschwulst, ist bei der Operation durchgebrochen und hat sich ihr flüssiger Inhalt entleert. Sie stammt aus dem Gewebe der Conjunctiva und ist offenbar schon mehr krebsiger Natur. Der senkrechte Hornhautdurchmesser ist auf 6 mm. zurückgegangen; die atrophische Iris liegt auf der Hornhaut auf.

Das Linsensystem ist ebenfalls nach vorn gerückt, nach beiden Seiten hin in ein pigmentirtes Schwartenlager eingebettet. Es ist nicht getrübt, löst sich leicht aus der verdickten Kapsel.

Der Glaskörper ist verschwunden. Die Choroidea sehen wir zum grössten Theil in eine Geschwulstmasse verwandelt, die nach oben vom Eintritt des

Opticus bis zur Iris in continuo sich verfolgen lässt, während an den andern Stellen noch verhältnissmässig normale Aderhautparthien bestehen. Es bietet die Geschwulst an den verschiedenen Orten einen bunten Wechsel nach Farbe und Gefüge. Währenddem sie sich durchschnittlich als ein exquisites Spindelzellensarkom erweist, tritt an einer andern Stelle in rundlicher Abgrenzung, ungefähr der Linsengrösse entsprechend, eine käsige mit freiem Fett, Cholestearinkrystallen und Pigment durchsetzte Masse auf. Im Allgemeinen nähern sich die der Sclera anliegenden Theile mehr der Aderhautstructur. In den scheinbar noch normalen Aderhautparthien sehen wir das Pigment der Stromazellen bereits in Auflösung begriffen; hier ist das Pigmentepithel noch erhalten. Das Corpus ciliare zeigt theilweise noch sein ursprüngliches Gefüge mit fettiger Degeneration. Ueber manchen Geschwulstparthien lässt sich das Pigmentepithel noch nachweisen. Die Retina erscheint abgelöst und theilweise mit der Geschwulst verwachsen; auffällige fettige Degeneration ihrer Nervenfasern. Nach aussen sitzt auf der Retina an einer Stelle eine kleine Geschwulst, aus den prächtigsten Cholestearinkrystallen bestehend. Die Sclera ist etwas verdickt, beinahe überall innig mit der Geschwulst verlöthet und theilweise degenerirt. —

XVI.

Melanosarkoma conjunctivae; Perforation der Hornhaut.

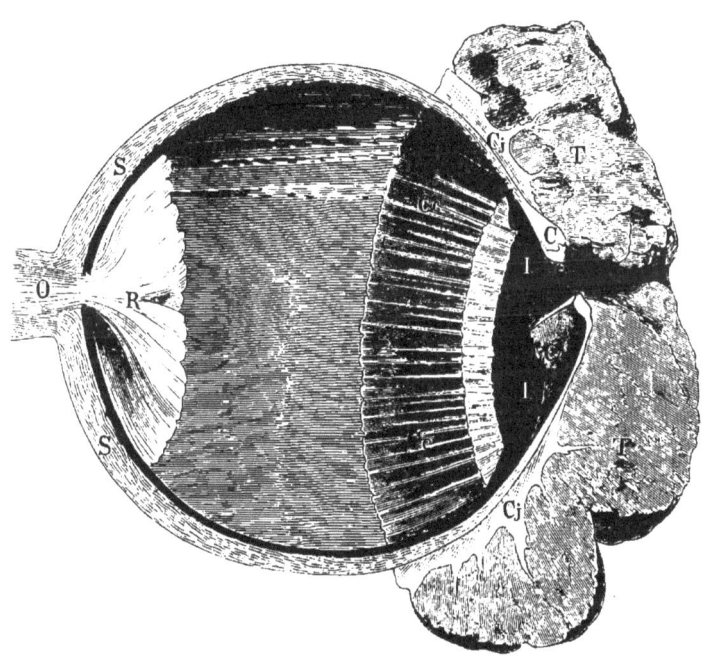

Figurenerklärung.

O Opticus. R Retina. S Sclera. Cc Corpus ciliare. J Iris. C Cornea. Cj Conjunctiva.
T Tumor.

XVI.

Den Bulbus verdanke ich der Güte des Herrn Dr. Kunz, der denselben enucleirt hat. Die Geschwulst hatte 4 Jahre vor der Enucleation ihren Anfang genommen und ist nach und nach, die Hornhaut überwachsend, immer grösser geworden, exulcerirte dann in der Mitte und perforirte schliesslich die Cornea, wobei sich das Auge abwechselnd füllte und leerte.

Da der Bulbus nach vorn durch die Geschwulst eröffnet worden war, ist es nicht mit Sicherheit zu sagen, ob die Linse intra vitam noch erhalten gewesen. Auch über den Zustand der Retina, die im Präparat defect ist, lässt sich nichts Bestimmtes aussagen. Nach vorn auf dem Bulbus reitet eine grosse, leicht pigmentirte, ziemlich weiche Geschwulst, die nach vorn ein lappiges Aussehen zeigt, und in welche von hinten her einzelne septaartige Bindegewebsstränge, von der Conjunctiva entspringend, eintreten. Die Hornhaut zeigt eine klaffende, bis zur Peripherie sich erstreckende Spalte. Die Ränder derselben sind etwas fetzig, uneben und setzen sich nach vorn in einen unregelmässigen Hohlgang fort, welcher die Geschwulst perforirt und so eine Communication zwischen vorderer Kammer und Atmosphäre herstellt. Die Iris erscheint gegen die Hornhaut angedrängt. Im Uebrigen existiren keine Veränderungen der intraoculären Gebilde. Der Tumor stellt ein einfaches, mässig weiches Spindelzellensarkom dar, mit theils diffus über die ganze Masse ausgebreitetem, theils in grössern Körnern eingestreutem Pigment.

Die Spindelzellen sind durchschnittlich ziemlich breit und nähern sich theilweise Rundzellen; an einigen Stellen beginnende Verfettung. Der Tumor entstammt offenbar den Conjunctivalelementen und hat erst secundär zu einer Perforation der Cornea geführt. Es ist also dieser Fall ein Paradigma für jene nicht so seltenen Formen, welche den vordersten Theilen des Bulbus auflagern und das Gesicht bei vollständig guten intraoculären Verhältnissen rauben. —

XVII.

Sarkoma corporis ciliaris perforans.

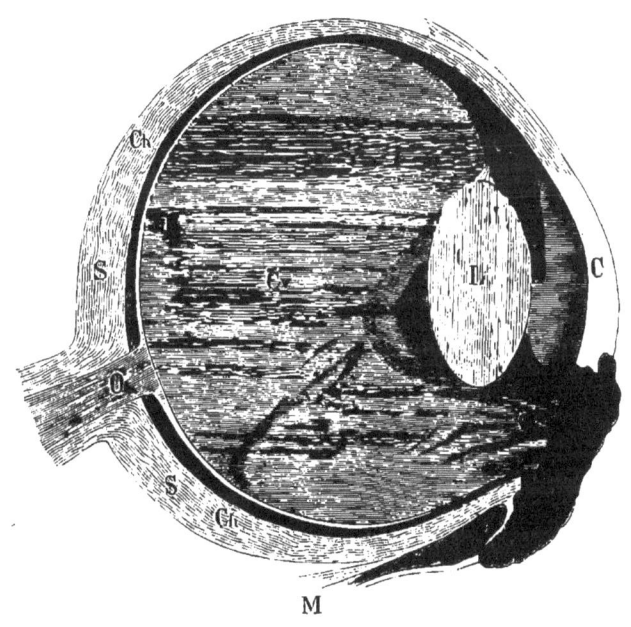

Figurenerklärung.

O Opticus. S Sclera. Ch Choroidea. R Retina. Cv Glaskörper. L Linse. T Tumor. Cc Corpus ciliare. I Iris. M Rectus. Tumor erstreckt sich bis in seine Ansatzgegend. C Cornea.

XVII.

Das Auge des 21 Jahre alten Fabrikarbeiters Jakob Schäublin wurde am 18. März 1869 enucleirt. Auge etwas weich. Nachdem ihm 7 Wochen vorher ein Eisensplitter gegen das Auge gefahren war und das Auge einige Tage roth gewesen, bemerkte er Flimmern vor den Augen und etwas Abnahme des Sehvermögens. — Erst seit 3 Wochen wurde eine kleine Geschwulst bemerkt. Die rundliche Geschwulst des linken Auges sitzt unmittelbar nach aussen vor der Hornhaut, ist ziemlich vascularisirt; hat ungefähr dieselbe Flächenausdehnung wie die Cornea; bei der Enucleation berstet die Verbindungsstelle von Geschwulst und Hornhaut, worauf Kammerwasser und auch etwas Glaskörper sich entleeren. Die Dimensionen des Bulbus sind die gewöhnlichen; der Glaskörper erscheint in seinen vordern Parthien etwas getrübt; Linsensystem intact. Das C o r p u s   c i l i a r e fehlt in der Gegend der Geschwulst gänzlich. Statt dessen ist die hier fehlende Sclera, die in ihren äussersten Theilen etwas nach aussen geschlagen erscheint, von der grüngelblichen, ziemlich weichen Geschwulstmasse ersetzt, die in einer Dicke von 2—3 Millimeter nach vorn den Uebergang zur Hornhaut und Iris vermittelt. Während durch zerstreutes Pigment die Verbindung zwischen Pigmentepithel des glatten Theils der Pars ciliaris angedeutet ist, sieht man nach vorn aus der Geschwulst die Iris sich ablösen und zur vordern Kapsel herübertreten, mit der sie durch iritische Adhäsionen verklebt ist. Nach aussen ist die Geschwulst durch ein Epithel überzogen, was die unmittelbare Fortsetzung von Conjunctival und Cornealepithel ist. Nach hinten sind die Grenzen gegen das subconjunctivale Gewebe etwas verwischt. Das Gewebe der Geschwulst erweist sich als pigmentloses, mit zahlreichen Gefässen durchzogenes k l e i n z e l l i g e s   R u n d z e l l e n s a r k o m. —

XVIII.

Beiderseitiges typisches Netzhautgliom; links intraokulär; rechts auch peribulbär, die ganze Orbita ausfüllend; multiple Metastasen.

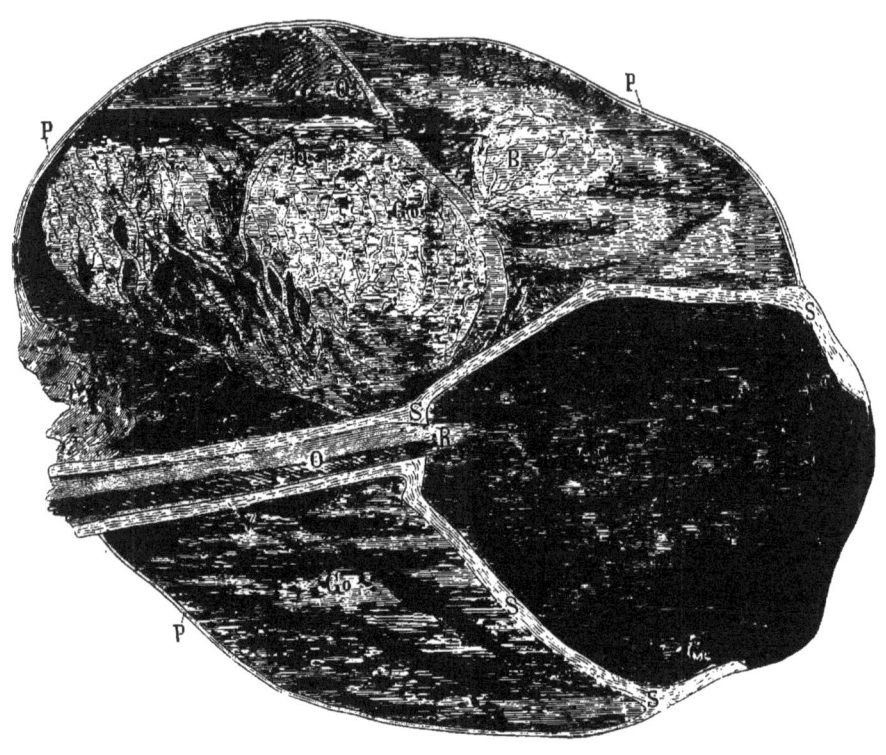

Figurenerklärung.

Rechtes Auge. *O* Opticus. *S* Sclera. *Cc* Corpus ciliare. *A* vordere ulcerirte Parthie des Auges, Reste des Corpus vitreum und Iris enthaltend. *R* Reste der Netzhaut. *Go* orbitales Gliom. *P* bindegewebige Kapsel der extrabulbären Geschwulst. *V* Sehnervenscheide. *O* Septa, welche das Gliom durchziehen. *B* Erweichungsheerd.

XIX.

Beiderseitiges typisches Netzhautgliom; links intraokular; rechts auch peribulbär, die ganze Orbita ausfüllend; multiple Metastasen.

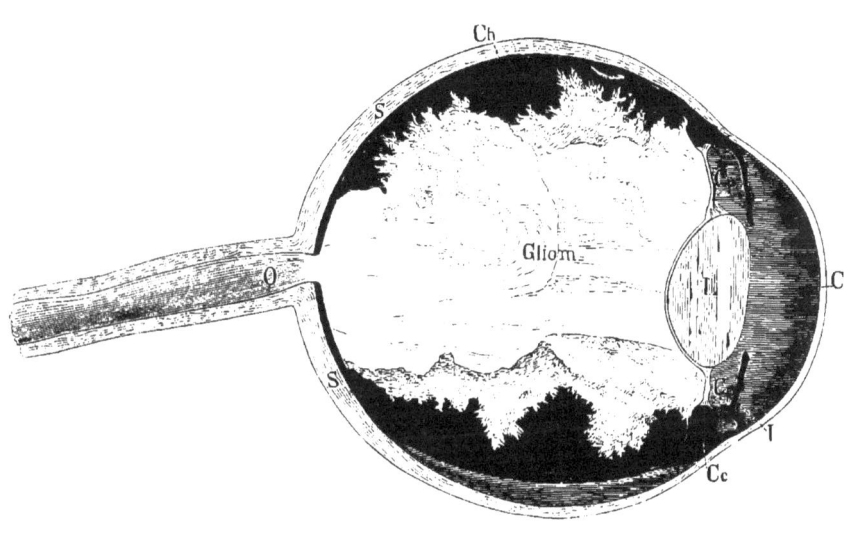

Figurenerklärung.

Linkes Auge. *O* Opticus. *S* Sclera. *Ch* Choroidea; an einer Stelle mit einem Gliom-Knötchen. *Cc* Corpus ciliare. *L* Linse. *Cp* hintere Kammer. *J* Iris. *C* Cornea.

XVIII. und XIX.

Ein besonders typischer Fall von doppelseitigem Gliom, dessen nähere Beschreibung von Prof. Hoffmann und mir im Archiv v. Virchow, Bd. 46 p. 186 u. ff. niedergelegt ist. Das Kind war vom 24. April 1867, wo es ³/₄ Jahre alt war, bis zu seinem Tode, 21. November 1868, in fortwährender Beobachtung gestanden. —

In der letzten Zeit war ein soporöser Zustand eingetreten; schon 2 Monate war das Gesicht bedeutend angeschwollen. Bei der Section zeigten sich multiple Metastasen der Glioms am Schädel, in der Wangengegend und in der Leber; circa 6 Wochen vor dem Tode war das rechte Auge perforirt.

Rechts hat die gliöse Geschwulst den ganzen Bulbus ausgefüllt; das Auge war stark protrudirt. Die ganze Orbita ist von der rundlichen Geschwulst ausgefüllt, wie sie in der Figur abgebildet ist; dieselbe umgibt den Bulbus zum Theil bis über den Aequator hinaus. Der ganze Bulbus ist von der von vielen Gefässen durchzogenen, etwas röthlichen gliösen Masse ausgefüllt, die neben den charakteristischen Rundzellen ein zartes Bindegewebsstroma zeigt; die Sclera ist intact, aber an einzelnen Stellen etwas dünn. Von der Choroidea ist nichts mehr zu sehen, dagegen sind Irisreste und Corpus ciliare noch deutlich sichtbar. Die vordere Begrenzung bilden spärliche Reste der ulcerirten Hornhaut mit freiliegender, geschwellter Iris, von Geschwulstmasse infiltrirt. —

Von den Augenmuskeln ist d. R. superior noch ziemlich gut erhalten. Die ganze Geschwulstmasse ist von einer dünnen Bindegewebslage eingeschlossen, die nach vorn mit der auf der Vorderfläche der Geschwulst verschieblichen Conjunctiva verschmilzt. Nur nach hinten, wo der Opticus in seiner Scheide, makroskopisch unverändert, die Geschwulst verlässt, ist in Folge theilweiser Erweichung die Grenze nicht ganz scharf. Sagittaler Durchmesser des Auges sammt Geschwulstmasse 46 mm.; in der orbitalen Geschwulstmasse sind an einigen Stellen angehende Erweichungsheerde. Mikroskopisch finden sich sowohl im Opticus als in der Sclera gliöse Zellen. —

Das linke Auge erscheint mikroskopisch ausser weissem Reflex in der Pupille unverändert; die Cornea entschieden vergrössert, Querdurchmesser 14 mm.; senkrechter 12 mm. Der grösste Theil der Bulbushöhle ist durch eine weisslichgelbe, zarte, nach aussen flockige Substanz erfüllt, die nach hinten direct in den Opticus übergeht; der Glaskörper ist nicht mehr vorhanden. Linsensystem intact. Der Opticus ist an seinem freien extrabulbären Ende ganz normal. Intraoculär setzt er sich unmittelbar in die Geschwulstmasse fort; unmittelbar hinter der Lamina cribrosa leichte Verfettung. Die intraoculäre, mit feinfaserigem Stroma versehene Geschwulst zeigt den Charakter des reinen Glioms. In der Choroidea sitzt ein kleiner gliöser Knoten. Die peripheren Iristheile sind durchgehends mit dem Scleralfalz verklebt und mit den peripheren Hornhautparthien. Frei geworden wendet sich die Iris brüsk nach innen. Die vordere Kammer, die durch stärkere Vorwölbung der Cornea sonst vergrössert erscheinen müsste, verliert auf diese Weise etwas von ihrer Ausdehnung. —

XX.

Fremdkörper, im Glaskörper eingekapselt; Netzhautablösung; mächtiges Choroideal-Exsudat mit Fettkrystallen; fibröse Degeneration des Glaskörpers; Phthisis bulbi.

(s. Virchow's Archiv Bd. XXX p. 489.)

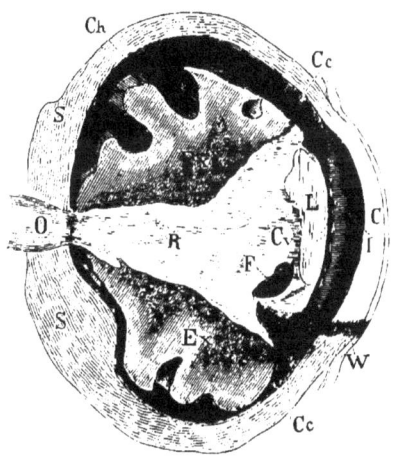

Figurenerklärung.

O Opticus. *S* Sclera. *Ch* Choroidea. *R* abgelöste Retina. *Cv* fibröser Glaskörper. *F* Fremdkörper, Zündhütchenstück. *Ex* Choroidealexsudat. *Cc* Corpus ciliare mit in den Glaskörper eingestreutem Pigment. *L* Linse. *I* Iris. *C* Cornea. *W* Narbe derselben vom eingedrungenen Fremdkörper.

XX.

Der Bulbus, den ich der Güte des Prof. D o r verdanke, gehörte einem 10jährigen Knaben an, der nach Verletzung durch ein Zündhütchen eine schleichende Entzündung des Auges davontrug. —

Senkrechter Durchmesser 20 mm.
sagittaler » 17,5 »

Sclera besonders in den hintern Parthien verdickt. Cornea ist wenig verändert, leichte Trübung. Vordere Glasmembran und Descemeti zeigen wellige Faltung, was auf theilweise Schrumpfung hinweist. Die Eintrittsstelle des Fremdkörpers markirt sich durch Epithelverdickung und Hornhauttrübung. An der Eintrittsstelle in der vorderen Kammer eine flockige Masse. Iris atrophisch, liegt beinahe überall der vordern Kapsel an; Pupille geschlossen. An der Perforationsstelle sieht man Gewebstheile der Iris in den Glaskörper hineingeschleudert. Auch von der entsprechenden Stelle des Corpus ciliare sieht man pigmentirte Massen in den Glaskörperraum sich hinein erstrecken. Ueberall ist der Durchmesser des Ciliarkörpers da am grössten, wo die abgelöste Retina sich an denselben anlegt; es muss eine Art Zug von dem mächtig sich ergiessenden Choroidealexsudat vermittelst der Retina ausgeübt worden sein. Das Linsensystem ist getrübt, geschrumpft. Unmittelbar dahinter liegt in einer halb rothen, halb weissen, aus veränderten Blutkörpern bestehenden Masse der Fremdkörper. Die Choroidea ist leicht atrophisch; doch so, dass ihre verschiedenen Schichten noch deutlich zu erkennen sind; in der innersten Schichte viele Extravasate.

In dem abgelösten Netzhauttrichter finden wir noch die spärlichen, fibrösen Reste des Glaskörpers, die sich als weisser Strang über den Aequator des Bulbus nach hinten erstrecken.

In demselben befinden sich neugebildete Gefässe. Nach aussen von der Netzhaut, dieselbe eng umschliessend, liegt eine bräunlichgelbe, wachsartige Consistenz und wachsartigen Glanz darbietende Masse, die schrumpfend, nach der Choroidea hin buchtige Vertiefungen zeigt. Sie enthält neben einer Masse von Fettkrystallen eine grössere Menge von Pigment, das wenigstens theilweise ein Derivat von Pigmentepithel ist.

XXI.

Abgekapselter Fremdkörper auf der hintern Fläche der geschrumpften Linse mit Atrophie und Zerrung des Corpus ciliare.

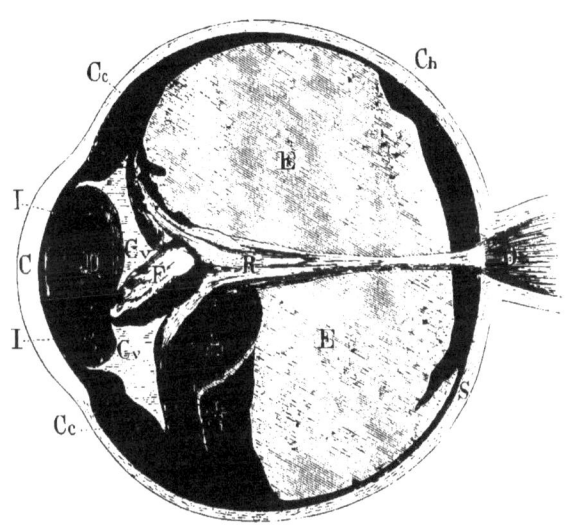

Figurenerklärung.

O Opticus. *R* Retina. *Ch* Choroidea. *E* Choroidealexsudat. *Cc* Corpus ciliare. *Cv* Glaskörper geschrumpft. *L* Linse. *F* Fremdkörper mit einhüllendem Coagulum. *J* Iris an die Hornhaut gedrängt. *C* Cornea.

XXI.

Linkes Auge von Joseph Urban, 19 Jahre alt; am 17. September 1872 enucleirt. 8 Wochen vor der Enucleation war ein Stück Gussstahl ins Auge gefahren, der nach der Meinung des Kranken gleich wieder entfernt worden sei. Wegen anhaltender Reizung wurde das Auge, das noch etwas quantitative Lichtempfindung besass, enucleirt. Bei der Eröffnung durch einen sagittalen Schnitt findet sich eine exquisite strangförmige Netzhautablösung. Im vordersten Theil des Netzhauttrichters, unmittelbar hinter der Linse, in verdichtete Glaskörpermasse eingebettet, sitzt der grosse Fremdkörper. Die etwas abgeflachte Linse ist unmittelbar an die hintere Hornhautwand angedrängt. Die Bulbushöhle ist durch coagulirte Exsudatmasse ausgefüllt. Nach unten aussen schliesst sich unmittelbar an die hintere Fläche des Netzhauttrichters ein ziemlich beträchtliches, dunkelbraunroth gefärbtes Coagulum. Das Corpus ciliare ist durchgehends sehr aufgelockert, daher einen viel grössern Dickendurchmesser weisend als gewöhnlich. Es ist das offenbar Folge des sehr beträchtlichen Zugs der abgelösten Retina, die unter einem beträchtlichen äussern Druck durch das andrängende Exsudat gestanden hat. Auffällig ist der Befund des grossen Fremdkörpers gleich hinter der Linse, obwohl der Kranke, ein intelligenter Arbeiter, angibt, am Tage nach der Verletzung gut gesehen und gearbeitet zu haben. Erst am dritten Tage traten Schmerzen ein. —

XXII.

Cataracta traumatica mit eitriger Choroiditis und Retinitis mit Fremdkörper zwischen Retina und Choroidea.

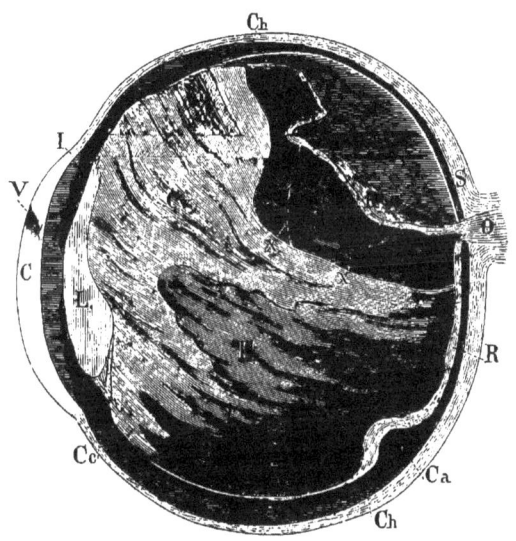

Figurenerklärung.

O Opticus. *S* Sclera. *Ch* Choroidea und *R* Retina, beide in der Gegend des Fremdkörpers bedeutend geschwellt. *Cv* Glaskörper mit extravasirten und exsudirten Massen durchtränkt; *Rs* abgelöste Retina mit der abgelösten Hyaloidea durch zarte Faden *X* verbunden. *L* Linsensystem. *I* Iris. *Cc* Corpus ciliare. *C* Cornea mit *V* Narbe, wo der Fremdkörper eingedrungen.

XXII.

Linkes Auge von Lina D., 8 Jahre alt, enucleirt am 6. September 1873. Einen Monat früher war ein Stück eines Zündhütchens ins Auge gefahren, worauf eine heftige Entzündung mit Linsenquellung eintrat; um letztere zu vermeiden, wurde eine mit Iridectomie verbundene Entleerung der gequollenen Linsentheile vorgenommen am 21. August; bei dem fortdauernden Reizzustand wurde weiteres Zuwarten für das zweite Auge für zu gefährlich gehalten.

Senkrechter Bulbusdurchmesser 22,8 mm.;
horizontaler » 22,6 »
sagittaler » 23,1 »

Bulbus eher weich. Cornea mit Ausnahme der kleinen Eintrittsnarbe normal. Vordere Kammer nicht wesentlich verändert. I r i s etwas geschwellt; auf dem Corpus ciliare sitzt eine dünne weissliche Exsudatschicht.

Die L i n s e ist wesentlich abgeflacht und mit der hintern Irisoberfläche verklebt.

Der Glaskörper ist gelblich verfärbt, zeigt theilweise sogar einen Stich ins Bräunliche, besonders nach hinten hin. In den obern und äussern Theilen der Bulbushöhle erscheint derselbe von der Retina abgehoben, nur durch einzelne fibrinöse Faden mit der innern Netzhautfläche verbunden.

Nach oben erscheint auch die R e t i n a abgelöst: nach hinten, unterhalb des Opticuseintritts, verdichtet sich der Glaskörper zu einem ziemlich dichten Gewebe, das eine innige Verbindung mit der hier sehr verdickten Netzhaut eingeht, die ihrerseits wieder ebenfalls eine innige Verlöthung mit der Choroidea erleidet.

Während in den übrigen Theilen des Auges zwischen Retina und Choroidea nur eine dünne, zarte, gelbweisse Membran liegt, die sich bei näherer Untersuchung als Eiter ausweist, ist hier eine dichte, halb fibrinöse Masse auf die Choroidea gelagert.

In dieser Gegend liegt der ziemlich grosse Fremdkörper zwischen Netzhaut und Aderhaut eingebettet. —

Aderhaut und Retina sind in ziemlich grossem Umkreis von massenhaften Eiterkörpern durchsetzt, die Aderhaut hauptsächlich in den mittleren und innersten Schichten. —

XXIII.

Exquisites Hornhaut Staphylom.

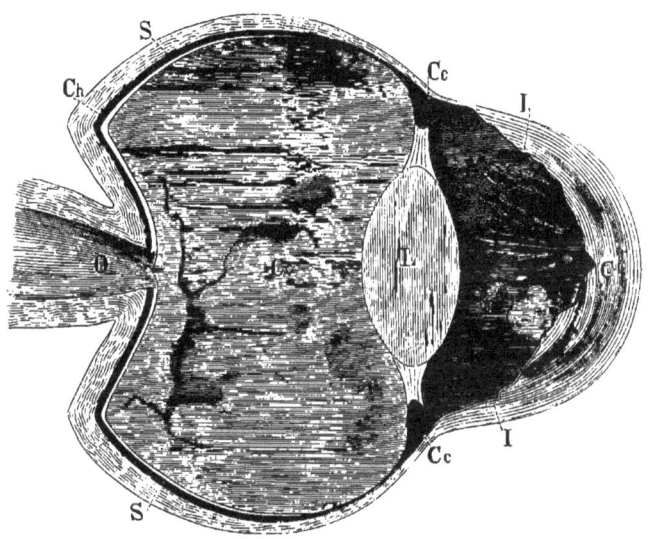

Figurenerklärung.

Der Bulbus ist peripherisch durch die Müller'sche Lösung etwas geschrumpft, daher die scharf einspringenden Scleralwinkel. — *O* Opticus. *S* Sclera. *Ch* Choroidea. *Cv* Glaskörper. *L* Linse. *Cc* Corpus ciliare. *J* verdünnte, mit hinterer Hornhautfläche verwachsene Iris. *C* staphylomatöse Cornea.

XXIII.

Auge des 22jährigen Andreas Schmied, am 3. März 1869 enucleirt von Prof. Rothmund in München. Die Veränderung am Auge ist im Jahre 1867 durch das Eindringen einer Aehre in das Auge unter entzündlichen Erscheinungen entstanden. Das Auge ist durch längern Aufenthalt in Müller'scher Lösung geschrumpft; in Wasser wieder aufgequollen und beträgt

der sagittale Durchmesser 30 mm.;
der quere » 24 »

Die hintern Theile des Auges, Linsensystem, Glaskörper, Retina gut erhalten Die atrophische Iris liegt durchgängig der staphylomatös entarteten Hornhaut an; peripherisch ist an einzelnen Stellen noch etwas von ihrer Structur erhalten; an einzelnen Stellen sind Lücken in dem Irisüberzug des Staphyloms wahrnehmbar. Das ganze Staphylom bildet so ziemlich die Hälfte einer Kugel und ist nach vorn von einem etwas verdickten Epithel überkleidet. Nach der Scleralgrenze hin ist noch deutliches, aber getrübtes Cornealgewebe zu erkennen; die Limbusgegend ist sehr verdünnt, besonders nach der einen Seite; das eigentliche Staphylom setzt sich aus grobem, fibrillärem Bindegewebe zusammen. Grösste Dicke des Staphyloms 3 Millimeter. Distanz vom vordern Scheitel des Staphyloms bis zur vordern Kapsel 8 Millimeter. Der Raum zwischen innerer Staphylomoberfläche einerseits und vorderer Kapsel andererseits bildet eine sehr stattliche hintere Kammer. Die Zonula ist sehr ausgedehnt, aber erhalten. —

XXIV.

Sclerectasia anterior vor dem Corpus ciliare; Auflagerung auf die Descemet'sche Membran: Iridochoroiditis: geschrumpftes Linsensystem.

(s. Virchow's Archiv XXIV. pag. 561 ff.)

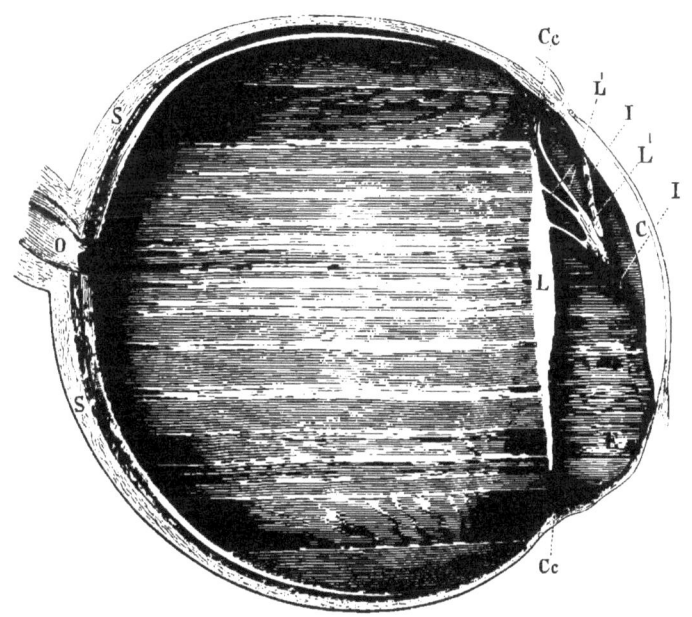

Figurenerklärung.

O Opticus. S Sclera. R Retina. Ch Choroidea. Cc Corpus ciliare. L Linsensystem. L1 vordere Auflagerungen, Linsenreste mit der Iris verbindend. I Iris. C Cornea. E intercalares Staphylom.

XXIV.

Rechtes Auge von E. Str., 16 Jahre alt.

Diameter sagittalis	29	mm.
» verticalis	26	»
» horizontalis	26	»
» verticalis corneae	15,5	»
» horizontalis »	13,0	»

Die Hornhaut flacher als gewöhnlich, etwas getrübt, an der Peripherie beiderseits auf eine kurze Strecke mit der Iris verwachsen. An der einen weniger ausgedehnten Stelle findet sich eine neugebildete, bis 0,2 mm. dicke Intercalarmasse auf der hintern Oberfläche der Descemet'schen Membran.

Die Sclera durchschnittlich etwas verdünnt; an der obern Hornhautperipherie anfangend und bis gegen den Beginn der Processus ciliares sich erstreckend eine papierdünne, prominente Scleraparthie, nach innen von einer dünnen, schwarzen Pigmentschichte überkleidet, dem einzigen Bindeglied zwischen Corpus ciliare und Iris.

Die Iris in ihrem Pupillarbereich durch eine Pseudomembran geschlossen; dadurch entsteht ein geschlossenes Cavum an der Stelle der hintern Kammer. Dieser Hohlraum stellt auf dem senkrechten Durchschnitt ein etwas unregelmässiges Dreieck dar, mit der Basis nach oben, der Spitze nach unten; sein grösster Durchmesser von vorn nach hinten beträgt 6 Millimeter.

Das ganze Linsensystem ist nach hinten gerückt und zu einer etwa 1 Millimeter dicken, im senkrechten Diameter 10 Millimeter hohen Scheibe zusammengeschrumpft.

Corpus ciliare etwas atrophisch; im Glaskörper finden sich viele zellige Gebilde.

Die Hyaloidea ist verdickt.

In der Choroidea in ihrer ganzen Ausdehnung eine mässige Atrophie; das Stromapigment ist blasser. An der Retina durchgängig beginnender Schwund der nervösen Bestandtheile und stärkeres Hervortreten der bindegewebigen Theile, besonders der Radiärfasern. An der Eintrittsstelle des N. opticus eine Excavation, offenbar Druck-Excavation. —

XXV.

Vorausgegangener Keratglobus; vascularisirte Schwartenbildung auf dem Corpus ciliare; hochgradiger Schwund des Gesammt-Uvealtractus; totale Netzhautablösung.

(s. Gräfe's Archiv IV. Abth. 3 pag. 178 ff.)

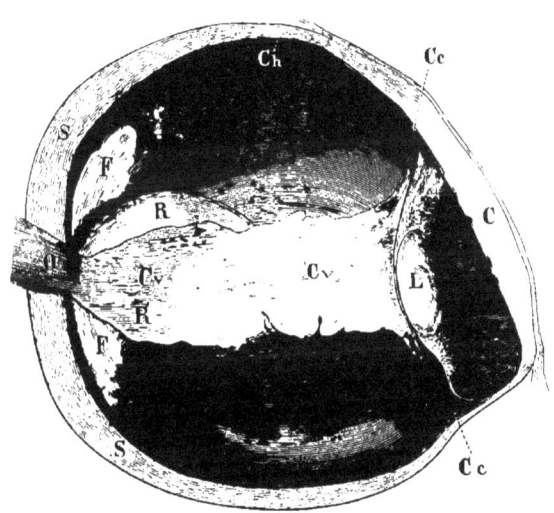

Figurenerklärung.

O Opticus. R R abgelöste Retina. S Sclera. Ch Choroidea. Cv in den Netzhauttrichter eingeschlossene Glaskörperreste. L Linsenreste. E hintere Kammer, nach vorn von den Resten der Iris austapezirt. Cc Corpus ciliare, mit nach hinten aufliegenden, derben, vascularisirten Schwarten; nach vorn liegen lockere Massen.

XXV.

Das linke Auge von B. R., 7 Jahre alt, ist das abgebildete; auch das rechte Auge ist vom nämlichen Uebel befallen; es war wegen der hochgradigen Ausdehnung eine Iridectomie versucht worden, wobei das sehr verdünnte, lose aufgehängte Linsensystem zerriss, und der ganze Bulbus unter leicht entzündlichen Erscheinungen auf seine jetzige Gestalt zusammenschrumpfte. Beim Oeffnen des Auges entleert sich eine flockige bräunliche Flüssigkeit, entsprechend dem flüssigen Choroidealexsudat.

Diameter sagittalis 24,75 mm.
» verticalis 20,5 »
Grösste Dicke der Cornea 3 »

Das Bild des Keratoglobus hat sich eher in das des Scleralstaphyloms umgewandelt; die trübe, mit Gefässen durchzogene Hornhaut zeigt sehr verschiedene Dickendurchmesser; nach dem Ausfluss der ektasirenden Flüssigkeit ist in Folge der Elasticität der Cornea dieselbe zusammengeschnurrt; an der Uebergangsstelle von Sclera auf Cornea ist die ursprüngliche Verdünnung stehen geblieben. Die M. Descemeti überzieht in vielfach wellig aufgerollter Contour die hintere Hornhautwand, — ist verdickt.

Die Iris ist sehr atrophisch, fast durchgängig mit der Hornhaut verklebt.

Die pigmentirten Kämme der Processus ciliares sind gegen die Achse des Auges hin verzogen. Auf der Innenseite der Gesammtoberfläche des Corpus ciliare zeigt sich eine dicke Schwartenbildung. Diese Schwarte erreicht eine Dicke von 0,6 mm. Sie beginnt an der hinteren Grenze des Corpus ciliare als hypertrophirendes Pigment; allmälig bildet sich weiter nach vorn im Innern der Pigmentschicht eine blasse, grauliche, von verschiedenen Formbestandtheilen durchzogene Lage. Es sind neben einzelnen runden Kernen und Zellen unregelmässige, zum Theil hohle Stränge, die durchschnittlich mit feinkörnigem Pigment imprägnirt sind, das sie um so mehr erfüllt, je näher sie der Pigmentschicht des Corpus ciliare liegen.

Das Pigment der Choroidea ist unregelmässig vertheilt; das Stroma zeigt eine hochgradige Atrophie mit Sclerosirung seiner Gefässe.

Sehr flüssiges Exsudat umspült die vollständig abgelöste Retina, die nur geringe Reste von Corpus vitreum in ihrem Trichter einschliesst. Das Linsensystem wird durch eine gelbliche, flache Scheibe repräsentirt, welche auf dem durch Reste der Zonula Zinii, des Glaskörpers und der abgelösten Retina gebildeten Diaphragma aufruht. —

XXVI.

Vorderes totales Scleralstaphylom vor dem Corpus ciliare; Verlust des Linsensystems; geschrumpfte und pigmentirte Retina.

(s. Gräfe's Archiv, Band XI. Abth. 2 pag. 57 ff.)

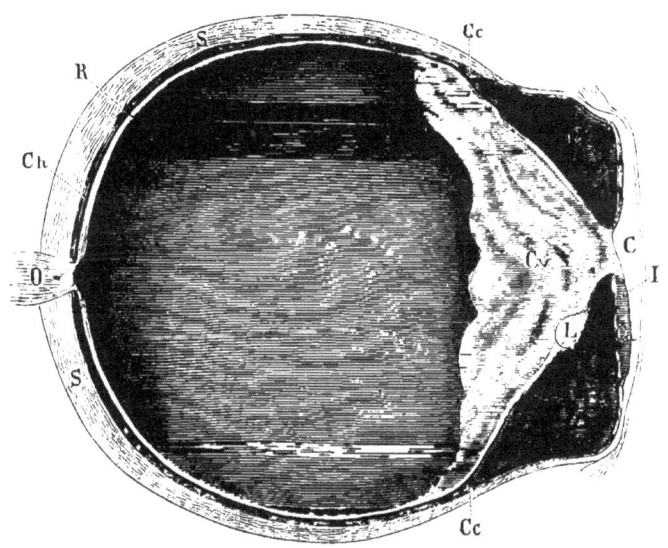

Figurenerklärung.

O Opticus. Ch Choroidea. R Retina. S Sclera. Cc festere Theile des Glaskörpers. L Linsensystem. Cc geschrumpftes Corpus ciliare. E E Scleralstaphylom. I Iris. Ca vordere Kammer. C Cornea. — Was am Holzschnitt unten, ist in Wirklichkeit oben.

XXVI.

Das Auge von Fräulein L., 15 Jahre alt, wegen schleichender Iridochoroiditis enucleirt von Prof. Dor.

Verticaler Durchmesser $28^{1/2}$ mm.
sagittaler » $23^{1/2}$ »

Die Cornea ist in der Mitte doppelt so stark als an der Peripherie, wo sie, mit der Iris verwachsen, auf 0,7 mm. herabsinkt.

Bowman'sche Membran war an der obern Hornhauthälfte gut entwickelt. In der Hornhautmitte eine Verwachsung mit der Iris; hier lässt sich die Descemet'sche Membran nicht mehr erkennen.

Vordere Kammer nur an der obern Bulbusperipherie theilweise erhalten. Die Iris ist nur in einem kleineren Theil frei; ausser der Verwachsung in der Mitte, besteht eine solche auch beiderseits nach der Peripherie. Es lässt sich in ihr noch ein bindegewebiges Stroma mit unregelmässig eingestreuten Pigmentkörnern erkennen. Gegen die grösste Entwickelung der Scleralectasie hin schwindet das Stroma fast plötzlich und bleibt nur das Uvealpigment als Auskleidung der staphylomatösen Höhle übrig.

Das geschwundene Linsensystem wird nur durch ein kleines weisses Knötchen repräsentirt, das zwischen Kapselreste eingeschlossen ist, die in Verbindung mit der Zonula nach der Hornhautnarbe hin verlaufen. Der Raum zwischen Irisexcavation einerseits und dieser geradlinigen Kapselvorziehung andererseits stellt eine Art enorm erweiterter hinterer Kammer dar.

Die Processus ciliares sind atrophisch und schicken leistenförmige, stärker pigmentirte Kämme gegen den Irisvorsprung hin. Die hintere Parthie des Glaskörpers ist verflüssigt, die Hyaloidea sehr gut entwickelt.

Die Choroidea leidet an einem mässigen Grad von Atrophie; der Pigmentgehalt des Pigmentepithels hat bedeutend abgenommen. Choriocapillaris und Glasschicht lassen sich sehr leicht von den äusseren Schichten trennen und ist letztere offenbar hypertrophisch.

Die Retina zeichnet sich durch eine eigenthümliche Verschmelzung der äussern Schichten mit Aufnahme von ziemlich viel Pigment aus, wodurch eine Art homogene Schwarte gebildet wird, unter welcher ein atrophisches Faserwerk sich ausdehnt. Es bildet diese Schwarte ungefähr das Aequivalent für Stäbchenschicht, Limitans, äussere und Zwischenkörnerschicht. Die Verschmelzung entstand durch eine colloide Substanz, die sich zerstreut auch in den tiefen Schichten noch zeigt. Durch Einsinken und Schrumpfung der äusseren Schwarte entstehen bedeutende Dickenvariationen der Netzhaut: Ganglienzellen und Opticusfasern geschwunden, um die Gefässe nicht unbedeutende Lücken.

Der Nervus opticus zeigt eine atrophische Excavation. —

XXVII.

Partielles kleines Scleral-Staphylom vor dem Corpus ciliare; Auflagerungsschicht auf die hintere Hornhautwand; vordere und hintere Synechie.

(s. Gräfe's Archiv Band XI. Abth. 2 pag. 51 ff.)

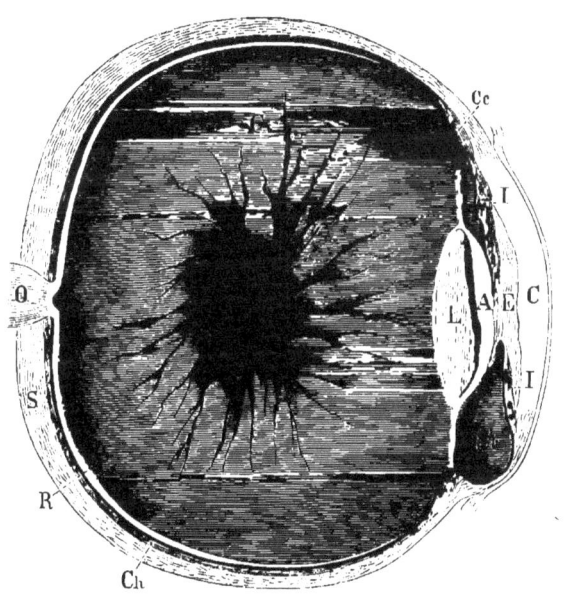

Figurenerklärung.

O Opticus. *S* Sclera. *Ch* Choroidea. *R* Retina. *Ce* Glaskörper. *Cc* Corpus ciliare. *L* Linse. *A* neugebildete Auflagerungsschicht. *E* corneale Intercalarschichte. *I* Iris. *C* Cornea. *St* Scleralstaphylom.

XXVII.

Auge eines 12jährigen Mädchens, von Prof. D o r erhalten, an dem wegen Iridokeratitis eine Iridectomie war ausgeführt worden. Trotzdem fortwährende intercurrirende Entzündungen mit beginnender Vergrösserung des Auges; Enucleation.

Senkrechter Bulbusdurchmesser 26 mm.
Sagittaler   »   25 »
Durchmesser der Sclera im Aequator 0,75 »
      »   » Cornea mit Intercalarschicht 2,5 »

G l a s k ö r p e r , R e t i n a und N. o p t i c u s normal. Stärkeres Haften des Pigmentepithels auf der Stäbchenschicht mit geringer Einwanderung von Pigmentkörnern. —

Das C o r p u s c i l i a r e gegen die Scleralexcavation hin wie abgeschnitten; nach vorn davon die circa 2½ mm. im Durchmesser habende Ectasie von der ausserordentlich verdünnten Sclera, mit unregelmässigem Pigment bekleidet, gebildet.

Die I r i s , scheinbar von ihrem Ursprung abgelöst, beginnt als Membran an der vorderen Grenze der Ectasie, ist nach vorn innig mit einer gestreiften hellen Substanz verlöthet, die nach vorn sich an die hintere Cornealfläche anlegt, über den Pupillarrand der Iris nach hinten wuchert, sich auf die vordere Linsenkapsel anlegt, und so die ganze vordere Kammer ausfüllt.

Das L i n s e n s y s t e m getrübt, vordere verdickte Kapsel mit der Intercalarmasse verlöthet. Choroidea zeigt einen mässigen Grad von Atrophie; Stromapigmentzellen theilweise sehr blass, nur die Zellen des Pigmentepithels wuchernd; die Grenzmembranen der C o r n e a sehr dünn; M. Descemeti zeigt eine wellige Contour. —

XXVIII.

Allgemeine Ectasie der Sclera; hochgradige Atrophie der Retina und Choroidea; Schwund des Linsensystems.

(s. Gräfe's Archiv Band XI. Abth. 2 pag. 72 ff.)

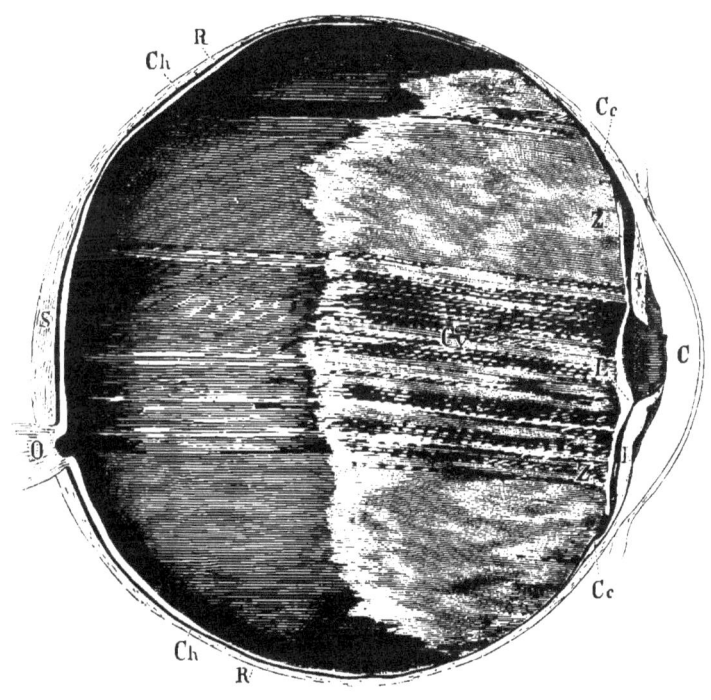

XXVIII.

Rechter Bulbus von Friedr. T., 58 Jahre alt, von Prof. B i e r m e r erhalten. Linker Bulbus völlig normal.

	Rechts	Links
Diameter horizontalis	32,0 mm.	24,0 mm.
» verticalis	34,0 »	26,0 »
» sagittalis	32,0 »	24,0 »

Hornhaut nach unten durchgängig getrübt; untere Irishälfte mit ihr verwachsen. Der ganze Bulbus erscheint weich. Durch die Sclera schimmert bläulich das Choroidealgewebe durch. Zunächst auffällig erscheint neben der allgemeinen Ectasie des Bulbus die sehr bedeutende Verdünnung der Sclera. Der Glaskörper ist zum grossen Theil verflüssigt, nur in den vordern Parthien des Auges sind noch zusammenhängende Reste desselben vorhanden. Vom Linsensystem nur noch geringe Spuren. Schon makroskopisch markirt sich eine bedeutende Atrophie der Choroidea und Retina. Die Verdünnung ist besonders gross am Aequator bulbi, wechselt aber auch an andern Parthien sehr rasch, so dass verhältnissmässig noch gut erhaltenes Gewebe an ganz atrophisches stösst. An den dünnsten Stellen ist die Aderhaut nur noch ein dünnes, homogenes Häutchen mit Spuren von Gefässen, innig mit der Sclera verlöthet. An der Retina fällt zunächst die Druckexcavation der Papille auf. Es muss also dem jetzigen weichen Zustande des Bulbus eine frühere Druckvermehrung vorausgegangen sein.

Während die Retina am hintern Pol noch ziemlich gut erhalten ist, findet man weiter nach vorn abwechselnd noch besser erhaltene und ganz atrophische Stellen, ohne bestimmte Anordnung. Diese Atrophie steigert sich an einzelnen Stellen bis zum vollständigen Schwund, so dass atrophische Lücken vorkommen, die bis 2 mm. Durchmesser erreichen. Neben der Atrophie findet eine ziemlich unregelmässige Einstreuung von Pigment statt, das an einigen Orten die erhalten gebliebenen Gefässe in sehr auffälliger Weise begleitet. Die äussern Retinaschichten haben durchschnittlich am wenigsten gelitten, und sind Stäbchenschicht, die beiden Körnerschichten und Zwischenkörnerschicht an solchen Orten noch gut erhalten, wo Nervenfaser- und Ganglienschicht schon bedeutend gelitten haben. —

XXIX.

Vordere hochgradige Sclerectasie vor dem Corpus ciliare mit allgemeiner Ectasie des Bulbus.

(s. Gräfe's Archiv Bd. XI. Abth. 2 p. 76 ff.)

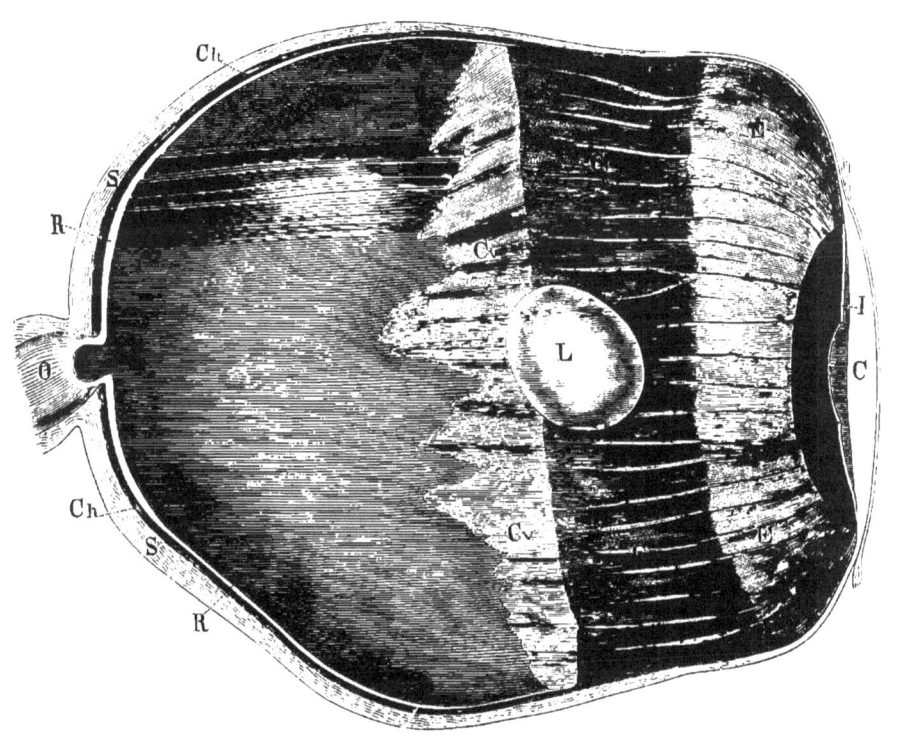

Figurenerklärung.

O Opticus. *S* Sclera. *Ch* Choroidea. *R* Retina. *Cv* Corpus vitreum. *L* Linse. *Cc* Corpus ciliare. *E* Scleralstaphylom. *I* Iris. *C* Cornea.

XXX.

Rechtes Auge von einem 4jährigen Knaben; bei der Geburt wurde nichts Auffälliges bemerkt; erst seit 2 Jahren sollen die Augen grösser werden; vor 14 Tagen drang ein Strohhalm ins rechte Auge und seither ist das Auge entzündet; der Knabe lichtscheu. Cornea erscheint rechts leicht blaugrau getrübt: Hyphaema; sehr tiefe vordere Kammer; auch links leichteste Hornhauttrübung. Beide Hornhäute sehr gross, bedeutende Lichtscheu, die keine ophthalmoskopische Untersuchung zulässt. Wegen der ziemlich bedeutenden Reizung wird das rechte Auge enucleirt. Der für das jugendliche Alter s e h r g r o s s e Bulbus schält sich leicht aus der Tenon'schen Kapsel; Muskelinsertionen sehr weit nach hinten. —

Senkrechter Durchmesser 27,6 mm.
horizontaler „ 27,3 »
sagittaler 31,8 »

Das Blut in der vordern Kammer noch vollständig flüssig; Bulbus wie im Leben.

Der am 23. März 1875 enucleirte Bulbus wird in Müller'sche Lösung gelegt und am 15. Mai geöffnet und zwar im horizontalen Meridian.

Retina und Choroidea erscheinen makroskopisch unverändert. In der sehr tiefen vordern Kammer noch die chocoladefarbigen Reste des Hyphaema, die fest an der vordern Irisfläche anhaften. Die Iris erscheint eher dünn und ist im Holzschnitt zu dick ausgefallen. Das Corpus ciliare ist entschieden atrophisch. Der Linsendurchmesser beträgt 9,2 mm. im senkrechten und 4,0 mm. im Dickendurchschnitt; obwohl also die Linse durchaus die normalen Verhältnisse weist, erscheint sie wegen der beträchtlichen Ausdehnung des vordern Bulbusdrittels, resp. Sclera im Bereich des Corpus ciliare und Hornhaut verkleinert.

Die Z o n u l a ist vollständig erhalten. — Distanz vom vordern Linsenscheitel bis zur vordern Hornhautoberfläche 5,5 mm.: senkrechter Durchmesser der vordern

Kammer 14,9 mm.; Distanz zweier gegenüber liegender Processus ciliares 13,3 mm. Also findet eine sehr beträchtliche Vergrösserung des vordern Drittels des Bulbus statt; Corneadicke 0,8 mm. Aber ausserdem besteht eine allgemeine Ectasie des Bulbus, mit Verdünnung der Cornea und Sclera und Druckexcavation der Papille. Sectionen von nicht secundär veränderten Keratoglobi gehören zu den grössten Seltenheiten, obwohl der Zustand intra vitam ziemlich häufig beobachtet wird. —

XXIX.

Rechtes Auge der 19jährigen sehr anämischen Elis. B.: will vor Jahren eine Entzündung gehabt haben, wobei die Vergrösserung des Auges entstanden. Bei geschlossenen Lidern bereits Verwölbung des Bulbus wahrnehmbar. Cornea zeigt nur nach unten Trübung, sonst transparent. Augenspiegel zeigt eine kleine excavirte Papille.

Diameter sagittalis	38	mm.
» verticalis	31 1/2	»
» horizontalis	31	»
Grösster Diameter der Ectasie	31	»
Diameter verticalis corneae	11 1/2	»
» horizontalis »	11	»

Glaskörper verflüssigt, nur in der Gegend der Ora serrata noch eine flockige Masse.

Linse in der Kapsel auf dem Boden der Augenhöhle.

Choroidea zeigt in allen Theilen eine gleichmässige Atrophie mittleren Grades. In der Pars ciliaris derselben atrophirt die capilläre Schicht und vom Tensor choroideae sind nur bindegewebige Fasern übrig. Von der vorderen Grenze des Corpus ciliare bis zum Irisursprung ist die verdünnte Sclera nur durch ein bindegewebiges Blättchen mit eingestreutem formlosem Pigment bedeckt. Die lineäre Ausdehnung der Ectasie steigt bis auf 11 1/2 mm., an andern Stellen sinkt sie bis auf 5 1/2 mm. Die seitliche Distanz der Processus ciliares steigt bis auf 2 mm. Von der Höhe der Processus setzen sich leistenförmige Erhabenheiten über die Ectasie gegen die Iris hin fort. Zwischen den Processus sitzen zerstreut drei kleine Aderhautcysten, 1/2 Millimeter im Durchmesser.

Iris mässig atrophisch; Cornealtrübung wesentlich epithelial: Papille mit tiefer Druckexcavation; Sclera überall sehr verdünnt. —

XXX.

Hydrophthalmus mit Bluterguss in die vordere Kammer: Druck-Excavation der Papille.

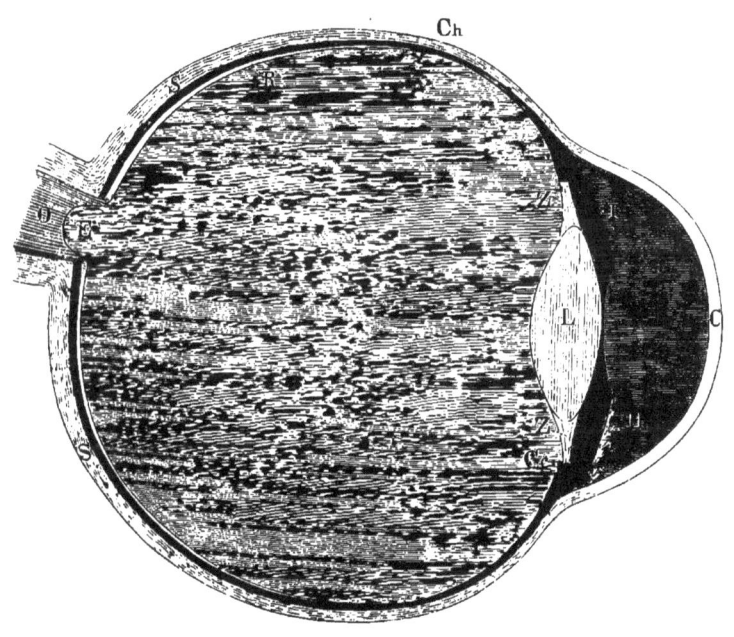

Figurenerklärung.

O Opticus, mit E Excavation der Papille. S Sclera. R Retina. Ch Choroidea. Z Zonula. Cc Corpus ciliare. I Iris. C Cornea. H Extravasat.